PRADON

PHÈDRE ET HIPPOLYTE

Edition critique

par

O. Classe

University of Exeter
1987

First published 1987 by

the University of Exeter

Exeter University Publications
Reed Hall
Streatham Drive
Exeter EX4 4QR
England

© O. Classe 1987
ISBN O 85989 297 2
ISSN O3O9-6998
March 1987

Printed in Great Britain by A. Wheaton & Co. Ltd, Exeter

INTRODUCTION

Je vis Racine au désespoir.

Valincour(1)

La *Phedre et Hippolyte* de Pradon est très connue, mais de nom seulement. A part quelques maigres fragments cités au profit de Racine, les manuels et histoires littéraires de notre époque ne contiennent que de vagues allusions à ce texte quasiment introuvable maintenant mais universellement décrié. A son époque pourtant Pradon n'était pas un auteur obscur. Entre 1673 et 1680 Pradon se distingua comme le plus fécond des rivaux de Racine(2); deux de ses tragédies eurent un succès assez durable; pendant toute sa carrière il occupa souvent l'attention du public, et quatre recueils de ses œuvres dramatiques parurent de son vivant. En 1677, au moment de la querelle des deux *Phèdres*, l'opinion était partagée, momentanément au moins, entre le produit éphémère de la plume de Pradon et le chef d'œuvre de Racine. Jusqu'au milieu du 18e siècle, la pièce de Pradon, reproduite dans les recueils de ses écrits, trouvait encore des lecteurs (mais non des acteurs)(3); la Bibliothèque nationale conserve de l'édition de 1744 des *Œuvres* de Pradon un exemplaire relié aux armes de Marie-Antoinette. Et j'ai cru trouver en quelques endroits des *Fleurs du Mal* un écho de certains vers de *Phèdre et Hippolyte* (voir les vers 61-3, 1605-10, et les Notes sur la présente édition, pp. 78, 87–8).

De nos jours, le texte de cette pièce si souvent nommée est devenu pratiquement inaccessible sauf dans les collections nationales; même les données bibliographiques sont incomplètes et inexactes. Cependant l'étude de ce document que constitue la tragédie de Pradon fournit des renseignements sur l'esthétique du grand siècle, notamment sur les différences de goût qui opposèrent l'axe Boileau-Racine, les inséparables de la 'cabale sublime', à la foule de leurs ennemis: les écrivains médiocres et jaloux, certains grands nobles, les partisans du vieux Corneille, les adhérents du mouvement *modernisant*. Il m'a donc semblé que, pour faciliter l'accès à cette autre *Phèdre* qui enraya un instant le succès de la grande, il serait utile de rééditer le texte de Pradon, qui commence à occuper l'attention des érudits en tant qu'indice de l'évolution de la Querelle des Anciens et des Modernes(4). Cette

---

(1) Jean-Henri du Trousset de Valincourt, cité par l'abbé d'Olivet, *Histoire de l'Académie française (1729)* éd. Livet, 1858, t. II., p. 325; voir Raymond Picard, *La carrière de Jean Racine*, 3ème édition, Paris, 1956, pp. 245, 294, et H. C. Lancaster, *French Dramatic Literature in the Seventeenth Century*, New York, 1940, Part IV, vol. I, pp. 110, 118.

(2) Lancaster, *op. cit.*, pp. 159, 170.

(3) Pour les représentations modernes, voir plus loin, p. 75.

(4) Peter France, 'Myth and Modernity : Racine's *Phèdre*', in *Myth and Legend in French Literature, Essays in Honour of A. J. Steele*, ed. Apsley, London, 1962, pp. 239-40.

édition permettra aussi, je l'espère, aux jeunes étudiants de la *Phèdre* de Racine, qui auront enfin la possibilité de la comparer avec l'ouvrage rival, d'en mieux comprendre les beautés et la pérennité.

PRADON AVANT 1677

Pendant longtemps on a ignoré presque tout de la vie personnelle de Pradon, et encore maintenant les détails manquent. Avant la publication en 1899 de la monographie de Charles de Beaurepaire(5) reproduisant l'acte de baptême du poète, les bibliographies normandes et autres lui donnaient erronément le prénom Nicolas(6) et le faisaient naître, correctement, à Rouen, mais en 1632, soit douze ans trop tôt(7). En réalité, c'est au début de 1644 que Jacques Pradon naquit dans cette ville, où il fut baptisé le 21 janvier en l'église de Saint-Godard. Il appartenait des deux côtés à une honorable famille de bons bourgeois et de gens de loi, assez répandue à Rouen. Ses parents, Jacques Pradon, reçu en 1631 avocat au Parlement de Normandie, et Marguerite De Lastre ou Delastre, fille et héritière d'un autre avocat, eurent cinq enfants: trois filles – Marguerite, Françoise et Thérèse – et deux fils – Jacques et Joseph, son frère cadet, ordonné prêtre en 1687, mort en 1711. Quoique Jacques suivît la tradition familiale en se faisant avocat, l'on ignore s'il a jamais plaidé à Rouen ou ailleurs. Mais comme les dispositions financières de ses parents avantageaient les filles au détriment des fils, il fut contraint de gagner sa vie et il choisit la carrière des lettres.

---

(5) Charles de Beaurepaire, *Notice sur le Poète Pradon*, Rouen, 1899, pp. 17-18.

(6) Cette erreur, qu'on rencontre encore aujourd'hui, eut son origine dans Niceron, *Mémoires pour servir à l'histoire des hommes illustres*, Paris, 1729-45, tome 43, où l'article sur Pradon, pp. 371-396, fut rédigé par J.-B. Michault, collaborateur puis successeur de Niceron. N'ayant trouvé chez les contemporains de son sujet d'autre désignation que 'Pradon' ou 'Mr Pradon', Michault mit en tête de la version manuscrite de son article 'N. Pradon', où *N* représentait *Nomen*, signifiant que le nom (de baptême) était inconnu. Avant ou à l'imprimerie, ce signe fut interprété comme 'Nicolas', si bien que c'est par ce nom que commence l'article imprimé. L'erreur a été copiée et recopiée par des générations de biographes et de bibliographes, en commençant par les frères Parfaict dans leur *Histoire du théâtre français*, Paris, 1745-49. Voir pour cette explication de l'erreur en question la *Biographie universelle* de L.-G. Michaud, Paris, 1811-49, l'article sur Pradon, vol. 36 , et la seconde note de [J. T.] Foisset à l'article sur J.-B. Michault, vol. 28. Thomas W. Bussom, dans son *Life and Dramatic Works of Pradon*, Paris, 1922, le seul ouvrage moderne entièrement consacré à notre auteur, donne de l'histoire du prénom de Pradon un résumé assez embrouillé (pp. 17-19).

(7) Ils suivaient tous Guilbert, *Mémoires biographiques et littéraires*, voir Bussom, *op. cit.*, p. 9. Cette erreur aussi se trouve encore dans des ouvrages modernes.

Entre 1673–4 et sa mort en 1698 sa production fut abondante. En voici les principaux titres:

Sept tragédies représentées et imprimées:

Pirame et Thisbé, jouée en 1673 ou 1674, imprimée en 1674
Tamerlan ou la Mort de Bajazet, jouée en 1675, imprimée en 1676
Phèdre et Hippolyte, 1677
La Troade, 1679
Statira, 1680
Regulus, 1688
Scipion l'Africain 1697

Trois tragédies représentées mais non imprimées:

Electre, 1677
Tarquin, 1682
Germanicus, 1694

Trois essais critiques lancés contre Boileau:

Le Triomphe de Pradon sur les Satires du Sieur D***, avec une
    Epître à Alcandre (le duc de Nevers), 1684 et 1686
Nouvelles Remarques sur tous les Ouvrages du Sieur D***, 1685
Réponse à la Satire X du Sieur D***, 1694

On lui a attribué aussi, sans raisons convaincantes, une tragédie, *Antigone*, quelques vers de circonstance, et un autre morceau polémique contre Boileau, *Le Satirique françois expirant*, 1689. Il parle lui-même, dans les *Nouvelles Remarques*, d'une comédie en un acte, *Le Jugement d'Apollon sur la Phèdre des Anciens*, parodiant la *Phèdre* de Racine, mais cet ouvrage n'a pas laissé de trace. Certaines d'entre les tragédies ont été assez admirées pour être traduits en langues étrangères: *Pirame et Thisbé*, par exemple, en italien (1805); *Régulus* parut en néerlandais en 1699 et en italien en 1711. *Tamerlan* connut de nombreux avatars. Traduit en italien en 1707 par Merelli et joué dans cette traduction en 1709 au Collegio Clementino à Rome, la pièce de Pradon fournit aussi au librettiste vénitien Agostino Piovene un livret qui fut mis en musique au moins une quinzaine de fois. Francesco Gasparini l'utilisa deux fois, d'abord en 1711 pour son opéra *Tamerlano* et ensuite, dans une version modifiée, pour *Il Bajazet* (1719); c'est de ce même livret de Piovene, tiré du texte de Pradon, que se servirent Händel et Vivaldi quand, en 1724 et 1735 respectivement, ils composèrent chacun un *Tamerlano*.

Pradon semble avoir manifesté assez tôt quelque facilité littéraire, héritée peut-être de son grand-père maternel, Charles Delastre, qui avait composé plusieurs fois(8) des vers couronnés au concours de la pieuse *Confrérie de l'Immaculée Conception*, dite *Académie des Palinods*, de Rouen. Des stances sur le péché originel, présentées sous le nom de 'Pradon' et couronnées par les Palinods en 1664, sont probablement de notre poète(9).

Il quitta Rouen à une date inconnue, mais avant 1674(10) pour Paris, portant probablement dans ses bagages sa première tragédie, *Pirame et Thisbée*, dédiée à l'ancien gouverneur de la Normandie, le duc de Montausier, dont il cherchait la protection dans la capitale.

Il convient de noter le nom, et la date, 1674. Il s'agit de ce Montausier, admirateur des précieux et des précieuses, qui avait fréquenté l'hôtel de Rambouillet et organisé l'élaboration de la *Guirlande de Julie*. Protecteur de Corneille, de Chapelain, de Perrin, et adversaire déclaré de Boileau(11), il passait pour avoir essayé d'étouffer l'*Art poétique* de celui-ci, qui parut dans les *Œuvres diverses*, en même temps que le *Traité du sublime*, au mois de juillet 1674. Avant de s'attaquer à Racine, Pradon a déjà l'air de se ranger avec les ennemis de Boileau. Nous le verrons persévérer dans cette voie.

Pirame et Thisbé, tragédie(12), fut représentée pour la première fois, avec beaucoup de succès, vers la fin de 1673 ou au début de 1674, à l'Hôtel de Bourgogne. La pièce, ayant passé ensuite au théâtre Guénégaud, entra dans le répertoire de la compagnie rivale, l'ancienne troupe de Molière, qui la joua plusieurs fois en 1679 et 1680; après la fondation de la Comédie-Française, elle reçut 49 représentations entre 1680 et 1711(13). Elle fut, après *Régulus*, la mieux reçue de toutes les tragédies de

---

(8) J.-A. Guiot, éd. A. Tougard, *Les trois Siècles palinodiques*, Paris et Rouen, 1898, I, pp. 233–4, cité Bussom, *op. cit.*, p. 15.

(9) Et non de son frère Joseph, lequel, selon Tougard, quand en 1672 il vit son ode française couronnée par la même académie, signait 'le jeune' pour se distinguer de son frère aîné. Voir Bussom, *op. cit.*, pp. 13, 15.

(10) Bussom, *op. cit.*, pp. 20–21; Lancaster, *op. cit.*, IV, I. p. 159.

(11) Voir *Œuvres complètes* de Boileau, présentées par F. Escal, Paris, Pléiade, 1966, pp. XII, 129, 542, 675, 910, 922, 925, 965, 971, 972, 1072, 1105, 1148.

(12) Imprimée à Paris par Henry Loyson, 1674, 12°. Pour la date de la première représentation, voir Lancaster, *ibid.*

(13) Bussom, *op. cit.*, p. 24; Lancaster, *op. cit.*, p. 163.

Pradon. Pour l'intrigue compliquée de cette première tragédie l'auteur avait mis à contribution non seulement les sources anciennes auxquelles son sujet le contraignait (Ovide, Hérodote, Plutarque, Diodore de Sicile), mais ainsi *Les Amours tragiques de Pirame et Thisbé* (1625) de Théophile de Viau, influence niée explicitement dans la Préface de Pradon; celui-ci se rend ainsi coupable désormais de mauvaise foi lorsqu'il accusera Racine – avec une certaine justice d'ailleurs – de ne pas reconnaître ses sources modernes. Cette influence de Théophile, quoique non avouée, atteste déjà une tendance superficiellement moderniste qui distinguera les ouvrages ultérieurs de Pradon.

Ce qui nous frappe aujourd'hui dans cette pièce, c'est l'abus des récits et le souci excessif d'effets pathétiques ainsi que le fâcheux mélange d'un austère héroïsme cornélien et d'effusions sentimentales à la Quinault; tout cela exprimé dans un style banal et rocailleux frisant quelquefois le burlesque:

> THISBE : Qu'entends-je? Ah, Dieux! que vois-je? Où suis-je?
> [je frissonne;
> Je tremble! Que d'horreurs! Pirame m'abandonne!

Dans *Pirame* comme dans ses autres pièces Pradon introduit des détails concrets plus romanesques ou comiques que nobles et tragiques:

> THISBE : Nos palais se touchant (il t'en souvient, Ismène),
> Un cabinet secret, pour flatter notre peine,
> Malgré la résistance et l'épaisseur du mur,
> Sembla se fendre exprès par un endroit obscur.

(Pradon aura de nouveau recours au cabinet secret pour la séquestration par Phèdre de sa rivale Aricie.) Selon les frères Parfaict, dont l'affirmation est répéteé dans la *Biographie universelle* de Michaud, la fortune de cette première pièce fut faite d'abord par l'indulgence accordée naturellement à un nouvel auteur et ensuite par la 'brigue' des ennemis de la gloire de Racine, y inclus les envieux, cela va sans dire, et les admirateurs de Corneille, auxquels s'était naturellement rallié son compatriote le Rouennais Pradon.

La second tragédie de Pradon, *Tamerlan ou la Mort de Bajazet*(14), eut sa première représentation à l'Hôtel de Bourgogne en 1675. Le titre imite non seulement celui du *Bajazet* de Racine (1672) mais aussi celui du *Grand Tamerlan et*

---

(14) Imprimée à Paris par Jean Ribou, 1676, 12°.

Bajazet de Magnon (1647). Le sujet, moderne cette fois-ci, était tiré de l'histoire turque et adapté au goût français contemporain: 'J'ai fait un honnête homme de Tamerlan', dit déjà dans la Préface celui qui va utiliser, pour créer sa Phèdre, la version édulcorée de la légende. Le traitement combine des éléments empruntés à Magnon et à d'autres sources françaises, notamment des incidents, des situations et des expressions qui rappellent quelquefois Corneille et souvent Racine. Ce qui n'empêcha pas la pièce de tomber, à la grande déception de Pradon, qui se voyait ou se croyait entouré d'ennemis envieux de son premier succès.

Déjà dans la Préface de *Tamerlan*, imprimée en 1676, on croit entendre gronder l'orage qui éclatera en 1677. En parlant des 'ressorts de la Cabale', Pradon se permet deux accusations contre des adversaires qu'il ne nomme pas. D'abord, celle qui va plus tard être adressée ouvertement à Racine et ses amis (par allusion la première fois, en 1677, dans la Préface de *Phèdre et Hippolyte*, et directement la seconde fois, dans les *Nouvelles remarques* de 1685): celle d'avoir employé par jalousie, pour faire tomber une pièce rivale, des moyens malhonnêtes:

> Si *Thisbé* n'avait été si loin, peut-être qu'on eût laissé un libre cours à *Tamerlan* et qu'on ne l'eût pas étouffé (comme on a fait) dans le plus fort de son succès.

Raymond Picard(15), à l'encontre de l'opinion de Baillet et de celle de l'auteur de la *Dissertation sur les tragédies de Phèdre et Hippolyte*(16), dont il sera question plus loin, croit que Racine ne fut pour rien ni de près ni de loin dans l'échec de *Tamerlan*, et que Pradon dans la Préface en question ne pensait pas à Racine. Il est vrai, comme le fait remarquer Picard, que Boileau, cet ami vigilant, va attendre 1677 et l'affaire des deux *Phèdres* pour se lancer à la défense de Racine contre Pradon. Pourtant la Préface de *Tamerlan* est de 1676; 1675 fut l'année des *Iphigénies*, et Racine, qui devait avoir dans l'esprit, sinon sur la conscience, la part qu'il avait eue dans le retard imposé à la première représentation de l'*Iphigénie* de Coras, aurait pu se sentir visé ici. Pour l'auteur de la *Dissertation sur les tragédies de Phèdre et Hippolyte*, (si c'était Subligny, comme on le suppose, il était de la société de Pradon) l'allusion était claire: il n'osait 'examiner ou douter si la brusque fierté de Tamerlan doit sa prompte chute aux brigues indignes de Monsieur Racine, ou au défaut de sa propre conduite', mais si l'accusation de la Préface de *Tamerlan* pouvait être injuste, son intention était transparente, et révélait déjà en 1675 un ressentiment personnel de la part de Pradon contre Racine.

---

(15) Raymond Picard, *Carrière*, p. 233.

(16) Subligny(?), *Dissertation sur les tragédies de Phèdre et Hippolyte*, reproduite dans F. Granet, *Recueil de Dissertations sur plusieurs tragédies de Corneille et de Racine*, Paris, 1740, tome II, p. 354.

Car ce n'était pas tout. L'auteur de *Tamerlan* devait, disait la Préface, se mettre fort peu en peine de 'la malice et du chagrin de quelques particuliers', et de leurs accusations de plagiat lorsqu'il leur avait imité 'une syllabe sur des choses qui ne font point de beautés', car

ces Messieurs..., s'ils faisoient réflexion sur plusieurs de leurs Pièces, verroient qu'ils sont eux-mêmes encore moins scrupuleux sur des imitations plus fortes, et l'on pourroit leur faire connoître qu'ils se souviennent aussi bien des Modernes que des Anciens, et qu'ils possèdent avec autant d'avantage les beautés de Tristan, de Mairet, et de Rotrou que celles d'Homère, de Sophocle et d'Euripide (17).

Et Racine, dans sa *Thébaïde*, s'était souvenu de Rotrou, dans *Britannicus*, de Tristan et, dans *Bajazet*, de Mairet! Il n'était certes pas seul; il est vrai aussi que généralement quand Racine puise dans les ouvrages de ses prédecesseurs français ce n'est pas pour emprunter, mais pour perfectionner des idées ou des expressions mal exploitées dans ses sources. Mais lui qui reconnaissait volontiers ses dettes envers les auteurs grecs et latins n'accordait à un Rotrou, à un Ronsard, qu'une brève allusion tout au plus, et un observateur malveillant aurait pu voir dans le silence charitable des Préfaces de Racine sur ses sources françaises la volonté de dissimuler des larcins aussi bien qu'un parti pris contre les auteurs modernes.

Les deux premières tragédies de Pradon renferment les mérites et les défauts qui caractérisent ses ouvrages ultérieurs. A une époque où la simple correction de la 'conduite' d'une pièce de théâtre était censée digne d'éloges, la structure de ses tragédies se conformait, de façon générale, aux unités et aux autres règles techniques. Mais l'idée de base était mince, superficielle, littérale; l'exécution pleine d'inconséquences; la 'fable' n'avait pas de signification intérieure ou profonde, la dimension tragique manquait dans le sujet et dans le style. Racine disait, selon La Harpe(18), 'Toute la différence entre Pradon et moi, c'est que je sais écrire'; Pradon semble n'avoir pas soupçonné cette correspondance immanente, essentielle, entre le mouvement de la pensée et celui du langage qui rend les vers de Racine à la fois naturels et splendides, simples et pourtant 'merveilleux' – sublimes, en un mot, dans les sens où Boileau entendait ce terme dans la Préface de sa traduction du *Traité du sublime*, parue en 1674. Le style de Pradon est diffus; tantôt péniblement direct, tantôt ridiculement enflé ou contourné, il ne craint ni les répétitions inutiles ni la banalité. Il s'y trouve cependant de temps en temps certaines tournures mélodieuses

(17) Préface de *Tamerlan*.
(18) J. F. de La Harpe, *Cours de littérature*, seconde partie, livre premier, appendice à la section VII, cité P. Mesnard, *Œuvres de J. Racine*, Grands Ecrivains de la France, nouvelle édition, Paris, 1865, t. III, Notice sur *Phèdre*, p. 255.

qui ne manquent pas de grâce, et dont nous relevons plus loin quelques exemples dans les *Notes sur le texte*.

Telles qu'elles étaient, et abstraction faite de l'esprit de parti qui faussait les opinions à des moments donnés, plusieurs des œuvres dramatiques de Pradon, y compris *Phèdre et Hippolyte*, répondaient au désir d'un certain public contemporain. Ce public, qui se recrutait parmi la basse comme parmi la haute société, s'écartait quelquefois des produits de l'art, raréfié et tourné vers le passé, du pur classicisme et, avide de plaisirs plus immédiats, appréciait au théâtre les situations compliquées donnant lieu aux grands sentiments et aux épisodes sensationnels, tels qu'on en trouvait dans *Tamerlan* et plus tard dans *Régulus*. Un critique moderne(19) a même pu affirmer, à propos de *Phèdre et Hippolyte*, que Pradon plaisait parce que plus précieux, plus baroque, plus provincial et, au point de vue de la vraisemblance et de la bienséance, plus 'classique' que Racine! Il est probable que sans les événements de 1677 on se souviendrait de lui comme d'un artisan honnête, un travailleur assidu qui, quand il prenait son temps, savait quelquefois satisfaire un public dont le goût n'était pas très sûr.

Il est évident que Pradon avait été encouragé par l'accueil que Paris lui avait fait. La réussite de *Pirame et Thisbé* lui prouvait son talent; dans l'échec, immérité à son sens, de *Tamerlan* il avait choisi de voir l'effet d'une intervention, flatteuse pour lui, d'illustres ennemis. Il avait acquis aussi, dans les milieux littéraires, quelques amis, ainsi que des protecteurs nobles et puissants, dont les intérêts, renforçant les siens, le poussaient vers son célèbre acte d'agression envers Racine et Boileau. Le moment approchait où le téméraire Rouennais allait, avec un ouvrage composé en trois mois, faire de son nom, et pour longtemps, le synonyme d'impudence et d'ineptie.

LA QUERELLE DES DEUX PHEDRES, 1677

Après une période, sinon de gestation, au moins de réflexion, de plus de deux ans – *Iphigénie* est de 1674 – la neuvième tragédie de Racine, dont le public attendait un grand succès, eut sa première représentation le vendredi 1er janvier 1677, à l'Hôtel de Bourgogne. Elle avait pour titre *Phèdre et Hippolyte*(20). Deux jours plus tard, le dimanche 3 janvier, une seconde *Phèdre et Hippolyte*, de Pradon, parut sur la

---

(19) J. von Stackelberg, 'Racine, Pradon und Spitzers Methode', *Germanisch-Romanische Monatsschrift*, Neue Folge, Band XIX, 1969, pp. 413-434.

(20) Ce n'est qu'en 1687, dans la seconde édition de ses Œuvres, que la tragédie de Racine est devenue officiellement la *Phèdre* que nous connaissons. En 1677 on appelait les deux pièces indifféremment *Phèdre et Hippolyte*, *Phèdre* ou *Hippolyte*.

scène du théâtre rival, l'Hôtel Génégaud, déchaînant une grande querelle littéraire accompagnée d'incidents scandaleux et presque violents.

Au dix-septième siècle, l'identité des titres n'avait rien en soi d'extraordinaire. Gustave Michaut, dans La 'Bérénice' de Racine(21), nous donne une liste de pareilles rencontres, dont beaucoup constituent une simple coïncidence, d'autres une rivalité intentionnelle; écrire sur un sujet déjà traité, cela s'appelait 'doubler' une pièce. Pour Racine, l'expérience n'était pas neuve. Il y avait eu d'abord, en 1670, la coïncidence, voulue ou non, entre sa Bérénice et le Tite et Bérénice de Corneille. Là au moins il s'était agi d'une opposition entre deux auteurs de premier ordre. En 1675, Racine, ayant trouvé insupportable qu'une pièce rivale, même visiblement inférieure, vienne entraver le succès de son Iphigénie, avait usé de son influence à la Cour et à la Ville pour retarder la première représentation de l'Iphigénie de Coras (et de Le Clerc, comme on le sut après)(22); Pradon ne devait pas ignorer en 1677 cette circonstance, qu'il allait reprocher à Racine en 1685 dans les Nouvelles remarques.

Cette nouvelle coïncidence ne fut pas involontaire; Pradon s'en vante dans sa Préface:

> J'avoue franchement, que ce n'a point esté un effet du hazard qui m'a fait rencontrer avec Mr Racine, mais un pur effet de mon choix.

S'agissait-il d'une 'noble émulation', comme il le prétendait? Croyait-il pouvoir égaler Racine ou même le surpasser? Voulait-il simplement, en revendiquant sa part de l'attention du public, rabattre l'orgueil d'un rival trop heureux? Ou a-t-on affaire à un acte de vengeance à la fois personnel et collectif?

A partir de son Alexandre, Racine avait toujours dû compter avec des ennemis. En 1677 il était au comble de sa gloire, et l'accumulation de ses hauts succès littéraires et mondains suscitait de nombreuses jalousies. On lui enviait son génie, sa prospérité (ce 'solide sublime' dont parlera assez spirituellement Pradon dans ses Nouvelles remarques), ses fréquentations nobles, la faveur royale; on rageait contre ses victoires remportées au dépens du grand Corneille, contre les manœuvres douteuses que lui inspirait parfois son ambition, contre ses manières hautaines et dédaigneuses qui semblaient reléguer ses rivaux à une place infime dans la hiérarchie de l'esprit.

En 1677 Boileau, lui aussi, était en grande faveur à la Cour et en pleine ac-

---

(21) Paris, 1907, Appendice A, pp. 221-227.
(22) Picard, Carrière, pp. 226-228.

tivité créatrice. Attaché à Racine depuis plusieurs années par des liens d'amitié et d'admiration réciproque, lui aussi s'était fait haïr et craindre, surtout depuis la publication entre 1666 et 1668 des *Satires* I à IX, et notamment par les écrivains précieux, burlesques, et fadement galants, et par les salons qu'ils hantaient.

Cet état des choses semble avoir été symbolisé par l'établissement en 1675, chez Madame de Montespan, du cercle littéraire qu'on appelait, du nom d'un jouet offert à son jeune neveu, le duc du Maine, par Madame de Thianges, la *Chambre du Sublime*; cette appellation s'associait aussi dans les esprits avec la traduction du *Traité du Sublime* de Longin publiée par Boileau en 1674: parmi les habitués presque exclusivement nobles de ce cercle qui se réunissaient chez Madame de Montespan – Madame de Thianges, le duc de La Rochefoucauld et son fils le prince de Marcillac, Madame de La Fayette, Madame Scarron (la future Madame de Maintenon) – le roturier Boileau, avec son ami Racine, occupait une place éminente. On surnommait envieusement cette coterie 'la Cabale sublime'. Nous verrons Pradon exprimer dans ses écrits (la Préface de *Phèdre et Hippolyte*, le *Triomphe de Pradon*, etc.) une obsession révélatrice envers ce mot de 'sublime' accaparé par ses adversaires.

Pour toutes sortes de personnes, Racine et Boileau avaient l'air de vouloir régner seuls au Parnasse avec leurs amis, au préjudice non seulement d'autres écrivains qui partageaient leurs théories du beau absolu, mais aussi de ceux pour qui le respect des modèles anciens n'excluait pas un relativisme ouvert au progrès.

Racine avait donc contre lui, entre autres, les poètes tragiques Quinault, Boyer, Le Clerc, les deux Corneille, Boursault et Pradon; il y avait aussi Desmarets de Saint-Sorlin, Fontenelle, Donneau de Visé avec son *Mercure galant* et le gazetier Robinet. Au plus haut niveau social, il pouvait compter, parmi ceux qui lui voulaient du mal, les deux jeunes Vendôme, le duc de Nevers (ennemi de Madame de Montespan) et sa sœur la duchesse de Bouillon; à celle-ci se joignait une autre maîtresse de salon, Madame Des Houlières ou Deshoulières(23).

---

(23) Philippe-Julien Mancini (1641-1707), duc de Nevers. Né à Rome, il était resté, selon Saint-Simon, très italien. Il épousa en 1670 la nièce de Madame de Montespan. Il était grand, bien fait, affable; son tempérament paresseux, capricieux et insouciant ne répondait pas aux ambitions de son oncle le Cardinal. C'était un libre-penseur, original et indépendant – 'difficile à ferrer', disait Madame de Sévigné (lettre du 10 déc. 1670). Grand amateur de littérature, il avait fréquenté l'Hôtel de Rambouillet et recevait à l'Hôtel de Nevers la coterie de l'Hôtel de Bouillon; il faisait lui-même des vers de circonstance assez séduisants, qu'il ne cherchait pas à répandre. En 1668, ceux qu'il avait faits pour sa sœur, la belle duchesse de Mazarin, lui valurent, avec certaines lettres jugées compromettantes, d'être cité en justice par son beau-frère dans le procès que celui-ci faisait à sa femme. Il se reconnut facilement dans le portrait de 'Damon', dans le deuxième sonnet de l'affaire des deux *Phèdres*.

Parmi les ennemis de Boileau on trouvait: le duc de Montausier, protecteur de Pradon; Chapelain, Quinault, Ménage, Boursault, l'abbé de Pure, l'abbé Cotin et une foule d'autres écrivains victimes de ses sarcasmes: Segrais (qui reprochait à Racine et à Boileau d'être 'suffisants et méprisants'(24), Benserade, Boyer et encore Desmarets de Saint-Sorlin.

Pradon, déjà plein de ressentiments, était en relations avec un nombre considérable de ces personnes. Il semble assez naturel qu'il acceptât de devenir 'le scribe à tout faire des ennemis de Racine'(25). Car toutes ces inimitiés trouvaient des points de ralliement dans certains salons littéraires fréquentés par lui, où s'exerçait la forte influence féminine qui caractérisait les milieux favorables aux modernes. Ce fut à partir du salon de Madame Deshoulières (qui le protégeait par vanité, selon Louis Racine, à cause de sa médiocrité), que Pradon fut introduit dans celui de la duchesse de Bouillon et dans la société de son frère le duc de Nevers. C'est à la duchesse que la tradition attribue l'idée – qui a très bien pu aussi lui être venue toute seule – de faire écrire par Pradon une tragédie qui entrerait en concurrence avec celle que préparait Racine.

En janvier 1677, donc, Paris vit se mesurer sur la scène avec Racine ('cet illustre génie , favorisé des Puissances, admiré du Peuple, et approuvé des Savants'(26)) ce

---

Marie-Anne ou Marianne Mancini (1648-1714), duchesse de Bouillon, la plus jeune des sept nièces de Mazarin et des cinq sœurs du duc de Nevers. Aimable, spirituelle, très instruite, très douée (elle faisait des vers à l'âge de six ans), elle protégeait La Fontaine et avait reçu dans son salon Molière, le vieux Corneille, Turenne et d'autres grands seigneurs; mais elle s'entourait aussi d'écrivains du genre de Madame Deshoulières, de Benserade, de Boyer, de Segrais, dont sans doute elle plaignait l'amour-propre blessé par les succès de Racine et l'hostilité de Boileau. Autoritaire et entreprenante, c'est à elle et à son salon que les contemporains attribuèrent l'initiative dans la 'cabale' contre la *Phèdre* de Racine.

Antoinette du Ligier de la Garde (1637/8-1694), madame Deshoulières; belle et intelligente, élève du libertin Hesnault, correspondante de Fléchier, partisan des Modernes. Elle savait plusieurs langues et avait dans sa jeunesse fréquenté l'Hôtel de Rambouillet. Elle était maîtresse de salon, auteur dramatique (*Genséric*, tragédie, 1680), et poétesse, écrivant des idylles, mélancoliques et sentimentales mais non entièrement sans charme, sur une nature apprivoisée. Ses admirateurs l'appelaient 'la dixième Muse'; Somaize la dépeint dans son *Dictionnaire des Précieuses* sous le nom de Dioclée, et selon Brossette c'est elle l'original du portrait de la Précieuse dans la Satire X de Boileau. Ce fut elle qui introduisit Pradon dans le salon de Madame de Bouillon.

(24) In Boileau, éd. cit., p. 1003.

(25) Picard, *Carrière*, p. 323. On s'est demandé, sans pouvoir rien conclure, si les protecteurs de Pradon ne lui avaient pas prêté la main pour la composition de *Phèdre et Hippolyte* (Mesnard, *op. cit.*, p. 252).

(26) Subligny, *op. cit.*, p. 354.

'nouvel Auteur, appuyé de fort peu d'amis, et connu du peuple seulement, par le succès d'une pièce et le naufrage d'une autre'(27).

Les nombreuses ressemblances textuelles entre les deux pièces prouvent que Pradon en composant sa tragédie disposait de renseignements détaillés sur celle de Racine, fournis, à moins qu'il n'ait vu le manuscrit, par des personnes ayant assisté à quelque lecture faite par Racine de l'ouvrage qu'il était en train d'élaborer. Racine aussi a dû avoir vent du coup qui se préparait; selon Brossette, 'M. Despréaux avoit conseillé à M. Racine de ne pas faire représenter sa tragédie dans le même temps que Pradon devait faire jouer la sienne, et de la réserver pour un autre temps, afin de ne pas entrer en concurrence avec Pradon. Mais la Champmeslé, qui savoit déjà son rôle, obligea M. Racine à donner sa pièce'(28). La chronique du temps raconte que les deux auteurs firent ce qu'il fallait pour transformer leur rivalité en bataille rangée:

> Dès que de ce dessein la nouvelle est semée,
> Chaque Auteur fait sa brigue & forme son parti,
> Chacun des deux instruit sa troupe au lieu d'armée:
> Racine en choisit une à vaincre accoûtumée,
> Et Pradon d'une moindre est enfin assorti(29).

A en croire la Préface de Pradon, Racine ne se contenta pas d'une concurrence loyale qui aurait laissé le public libre de juger entre les deux ouvrages. Pradon accuse ses 'Ennemis' d'avoir voulu supprimer sa pièce en mettant des obstacles à sa représentation et à sa publication:

Ces anciens Grecs, dont le style est si sublime, et qui nous doivent servir de modelles, n'auroient point empesché dans Athenes les meilleures Actrices d'une Troupe [anachronisme caractéristique] de joüer un premier Rôle, comme nos Modernes l'ont fait à Paris au Theatre de Guenegaud...[on a] voulu empescher mon Libraire d'imprimer ma pièce.

Il ne nommait pas les 'Auteurs intéressés' en question, mais les allusions étaient limpides. Il parlait de 'ces grands Hommes' avec 'leur procédé & leurs manières fort éloignées de ce Sublime qu'ils tâchent d'atraper dans leurs Ouvrages'; de la qualité d'honnête homme 'que l'on me verra toûjours préférer à tout le sublime de

---

(27) *Ibid.*
(28) Dans un manuscrit, cité Mesnard, *op. cit.*, p. 246.
(29) Subligny, *op. cit.*, p. 354.

Longin; et d'une 'Satyre' – la VIIe Epître de Boileau, à Racine, écrite en février 1677 – où 'quelques traits du Sieur D*** [Despréaux]' seraient lancés contre Pradon et contre le 'méchant goust' des admirateurs de sa tragédie. Et deux vers intercalés dans la prose:

> La Cabale en pâlit, & vit en frémissant
> Un second Hippolyte à sa barbe naissant

parodient les vers 115-6 de l'Epître V de Boileau:

> La famille en pâlit, et vit en frémissant
> Dans la poudre du Greffe un Poëte naissant(30).

Dans ses *Nouvelles remarques*, en 1685, nous verrons Pradon renouveler contre Racine l'accusation d'avoir essayé d'étouffer sa pièce. Tout cela est discutable (voir la note sur les Acteurs, pp. 75–6) et même, pour bon nombre d'historiens, faux, Racine étant par définition au-dessus de tout soupçon. A l'époque il ne l'était pas; écoutons Tallemant des Réaux:

> On peut tout croire de lui ... Il a fait ce qu'il a pu pour empêcher qu'on ne jouât l'*Hippolyte* de Pradon, et a, dit-on, obligé la Molière à ne pas prendre un rôle dans cette pièce... [Il] met tout le monde contre lui. Il ne peut souffrir qu'on estime les ouvrages des autres(31).

Mais Tallemant n'aimait pas Racine.

Aussi étonnant que cela puisse paraître, l'opinion publique hésita d'abord entre les deux pièces. On lit dans la *Gazette d'Amsterdam* du 8 janvier 1677 à propos de la *Phèdre et Hippolyte* de 'l'illustre M. de Racine':

> Le même sujet a été traité par M. Pradon... On a trouvé la première dans le goût des Anciens, mais la dernière a plus donné dans celui du public(32)

---

(30) Boileau, éd. cit., p. 121. Pradon reprendra la même formule dans les *Nouvelles remarques*, Epître à Monsieur de ***, pour se moquer de Racine et de Boileau historiographes du Roi (voir p. XXX).

(31) Note manuscrite in Picard, *Corpus Racinianum*, Paris, 1956, pp. 90-91.

(32) Picard, *Corpus*, p. 77.

PH-B

et dans une lettre de Bayle, du 1er avril:

> l'*Hippolyte* de M. Racine et celui de M. Pradon, qui sont deux tragédies
> fort achevées et qu'on a représentées cet hiver, partagent la Cour et la
> Ville, les uns trouvant plus de conduite ou de poésie, ou d'esprit dans
> l'une de ces deux pièces, les autres dans l'autre(33).

Le bilan des représentations est assez difficile à déterminer. Pour l'Hôtel de Bourgogne, à qui Racine avait confié sa tragédie, l'on ne dispose pas d'un registre journal. Pour la première représentation par les Comédiens du Roi, à l'Hôtel Guénégaud, de la pièce de Pradon, le Registre de La Grange donne le titre en entier: *Phèdre et Hippolyte, pièce nouvelle de M. Pradon*, mais ensuite il ne mentionne que des *Phèdre*. Or, comme, après l'impression, le 15 mars, de la pièce de Racine, la troupe de l'Hôtel Guénégaud avait le droit elle aussi de la jouer, il n'est pas toujours aisé, après cette date, de distinguer dans le Registre entre les deux tragédies.

Pradon cherchera dans ses *Nouvelles remarques* à donner l'impression que la réussite de sa pièce dura longtemps: 'le Public m'en fit la justice toute entière pendant trois mois'. En réalité les représentations de sa *Phèdre* s'espacèrent sur janvier, février et, le théâtre ayant été fermé entre temps, la meilleure partie du mois de mai. La Grange enregistre treize représentations, successives (on ne jouait à cette époque que le mardi, le vendredi et le dimanche), au mois de janvier; il y en eut six en février (les 5, 7, 9, complétant une série de seize successives; les 19, 21 et 23); et six encore, plus discutables puisqu'après la publication de la pièce de Racine, les 4, 7, 9, 18, 21 et 23 mai, soit 25 en tout.

Au début, la pièce de Pradon semble selon certains témoins avoir eu l'avantage: tandis que la salle de l'Hôtel de Bourgogne restait déserte, disent-ils, on accourait au théâtre Guénégaud, où, le 3 janvier, la recette de la première représentation (1375 francs) avait battu les records récents pour la tragédie; celles des représentations ultérieures furent honnêtes, sauf vers la fin(34). La dixième représentation fut honorée par la présence de 'leurs Altesses royales'. La pièce fut imprimée pour la première fois le 13 mars 1677.

Selon la légende, les partisans de Pradon, n'osant évidemment pas se fier, pour avoir gain de cause, aux mérites de sa pièce, eurent recours à des démarches vigoureuses, secondées sans doute par la rivalité qui existait entre les deux théâtres en question. En 1747, dans ses *Mémoires* sur la vie de son père, Louis Racine

---

(33) *Ibid.*, p. 84.
(34) Lancaster, *op. cit.*, p. 116.

raconte que les chefs de la cabale de l'Hôtel de Bouillon achetèrent toutes les places des premières loges pour les six premières représentations dans les deux théâtres, pour pouvoir les laisser vides dans la salle où l'on jouait Racine et les remplir d'enthousiastes dans celle où se donnait la pièce de leur protégé(35). Cette anecdote a été cent fois répétée, exagérée et embellie. Mais dans un document découvert par Sainte-Beuve, Brossette rapporte de l'affaire une version différente qui lui avait été fournie le 4 juin 1711 par la fille de Madame Deshoulières(36). Sa mère, disait-elle, se voyant refuser l'entrée de l'Hôtel de Bourgogne pour la première représentation de la pièce ennemie, avait dû se déguiser sous 'une grande coiffe de taffetas', et la place qu'elle réussit ainsi à avoir n'était qu'une seconde loge, 'toutes les autres étant remplies'. Ces deux versions de l'histoire furent composées l'une et l'autre longtemps après les événements dont elles affectent de rendre compte, par des témoins sujets à caution; elles doivent être inexactes. H. C. Lancaster a constaté(37) qu'il n'était pas question de locations globales consécutives comme celles que décrit Louis Racine: Condé paya la location de deux loges à l'Hôtel de Bourgogne pour la représentation du 3 janvier (date de la première de la pièce de Pradon); et le Registre de l'Hôtel Guénégaud indique que cinq premières loges seulement furent louées pour pour cette première, deux pour la seconde (le 5 janvier) et une pour les quatre représentations suivantes, les 8, 10, 12 et 15 janvier. On peut supposer, s'il n'y a pas de fumée sans feu, que des deux côtés l'on fit des efforts plus ou moins énergiques et soutenus pour assurer à chacune des deux tragédies un public nombreux et favorable.

Louis Racine nous dépeint son père fort découragé au debut:

Les six premières représentations furent si favorables à la *Phèdre* de Pradon, et si contraires à celle de mon père, qu'il était près de craindre pour elle une véritable chute... Boileau, pour relever le courage de son ami, lui adressa sa septième épître, sur l'utilité qu'on retire de la jalousie des envieux(38).

Et Valincour rapporte que:

durant plusieurs jours la pièce de Pradon triompha, mais tellement que la pièce de Racine fut sur le point de tomber, et à Paris et à la Cour. Je vis Racine au désespoir(39).

---

(35) 'Mémoires sur la vie de Jean Racine', in Racine, *Œuvres complètes*, éd. du Seuil, Paris, 1962, p. 33.

(36) *Causeries du lundi*, Paris, Garnier, 1852-62, t.13, pp. 380-389.

(37) *Op. cit.*, p. 111.

(38) Ed. cit., p. 33.

(39) Cité par Lancaster, *op. cit.*, p. 118. Voir note (1).

Etre Racine et avoir Pradon pour rival, créer *Phèdre* pour un public qui, soit frivolité, soit mauvais goût, ne distinguait pas entre le sublime et le médiocre, quel affront! Mais Louis Racine et Valincour, qui écrivaient à distance, exagéraient en attribuant la tristesse de Racine à la possibilité d'une chute: il y eut simplement, grâce sans doute à la curiosité qui nourrit les recettes de Pradon, un intervalle de plusieurs jours ou même de quelques semaines avant que la pièce de Racine ne s'imposât. A la fin du printemps, l'opinion avait décidé pour elle (40).

Entre temps, par suite d'interventions officieuses ou intéressées de la part de certains amis des deux poètes, l'affaire avait pris un moment des proportions inquiétantes. Au 'grand fracas' que faisait déjà la compétition entre les pièces elles-mêmes vint s'ajouter la sensation de la série de sonnets anonymes, dont le premier commença à circuler dans Paris le 2 janvier, au lendemain de la première représentation de la *Phèdre et Hippolyte* de Racine:

> Dans un fauteuil doré, Phèdre tremblante et blême
> Dit des vers où d'abord personne n'entend rien,
> La nourrice lui fait un sermon fort chrétien
> Contre l'affreux dessein d'attenter à soi-même.
>
> Hippolyte la hait presque autant qu'elle l'aime.
> Rien ne change son air ni son chaste maintien.
> La nourrice l'accuse – elle s'en punit bien.
> Thésée a pour son fils une rigueur extrême.
>
> Une grosse Aricie au cuir noir, aux crins blonds,
> N'est là que pour montrer deux énormes tétons
> Que malgré sa froideur Hippolyte idolâtre.
>
> Il meurt enfin, traîné par des coursiers ingrats,
> Et Phèdre, après avoir pris de la mort aux rats,
> Vient en se confessant mourir sur le théâtre(41).

La paternité de ces vers puérilement plats mais relativement inoffensifs (sauf pour l'actrice, Mademoiselle d'Hennebault probablement, qui jouait l'Aricie de Racine) est généralement attribuée maintenant à Madame Deshoulières, qui, selon

(40) Picard, *Carrière*, p. 250 et *Corpus*, p. 88.

(41) Picard, *Corpus*, donne de la série des sonnets, en plus des deux que nous reproduisons, le texte des trois les plus connus parmi les autres. Pour quelques variantes, voir pp. 54–56 de l'article de Georges Mongrédien, 'Une vieille querelle: Racine et Pradon', *Revue bleue*, 15 jan. et 5 fév. 1921, pp. 52–58, 77–82.

ce que dit sa fille dans l'entrevue déjà citée avec Brossette, aurait été aidée dans ses efforts par ses amis, y compris Pradon. Il est vrai que ce sonnet a bien l'air d'être fait de *disjecta membra* cousus ensemble. Mais ce fut sur le duc de Nevers que se portèrent les soupçons de Racine et de Boileau. Le premier sonnet fut suivi d'un second, sur les mêmes rimes:

> Dans un palais doré, Damon, jaloux et blême,
> Fait des vers où jamais personne n'entend rien.
> Il n'est ni courtisan, ni guerrier, ni chrétien,
> Et souvent pour rimer se dérobe à lui-même.
>
> La Muse par malheur le hait autant qu'il l'aime.
> Il a d'un franc poète et l'air et le maintien;
> Il veut juger de tout et n'en juge pas bien.
> Il a pour le phébus une tendresse extrême.
>
> Une sœur vagabonde aux crins plus noirs que blonds
> Va par tout l'Univers étaler deux tétons
> Dont malgré son pays Damon est idolâtre.
>
> Il se tue à rimer pour des lecteurs ingrats;
> L'Enéide est pour lui pis que la mort aux rats,
> Et selon lui, Pradon est le roi du théâtre.

Le duc de Nevers ne pouvait manquer de se voir désigné sous les traits de 'Damon', et il n'y manqua pas. Car lui, comme 'Damon', n'aimait ni la cour ni la vie militaire; il faisait des vers quelquefois contournés, prisait les auteurs modernes, soutenait Pradon; il avait été accusé publiquement quelques années auparavant d'indiscrétions dans ses relations avec sa sœur la duchesse de Mazarin, qui vivait à l'étranger; et si on affectait au troisième vers du premier tercet de lui faire grâce de l'accusation d'avoir des mœurs particulières, c'était pour l'appliquer à ses compatriotes italiens. Tout le monde soupçonna immédiatement Racine et Boileau d'avoir composé ce second sonnet, et un ami de Nevers, le duc d'Aumont, jugeant que cette impertinence contre un grand seigneur méritait une correction, dit en public qu'il fallait 'couper le nez à Despréaux et à Racine'. Ceux-ci désavouèrent le sonnet (qui avait été fait par quelques jeunes nobles de leurs amis – les marquis d'Effiat et de Manicamp, le chevalier de Nantouillet et M. de Guilleragues) et se réfugièrent chez Gourville, logé dans l'hôtel du grand Condé, dont il était l'homme de confiance. Condé arrangea les choses pour eux avec le duc de Nevers et la duchesse de Bouillon, et à la fin de janvier le danger était passé.

Les diverses copies des deux sonnets, et d'autres qu'ils avaient engendrés, continuaient à circuler, leur intérêt se déplaçant progressivement pour délaisser Racine, Pradon et leurs tragédies et se concentrer sur Boileau et certains coups de bâton, réels ou imaginaires, dont il se serait rendu passible par sa participation supposée à la composition du sonnet contre le duc de Nevers.

Si l'amour-propre de Racine a dû être froissée par une concurrence indigne, et sa confiance secouée par la violence de l'assaut monté contre son prestige, il a sans doute jugé préférable de sembler planer au-dessus de ces préoccupations. La Préface de sa *Phèdre et Hippolyte*, imprimée le 15 mars, ne fait pas la moindre allusion à la tragédie rivale. Il est difficile de croire, avec La Harpe, Michaud, Deltour, Mesnard, Mongrédien et tant d'autres, que l'affaire des deux *Phèdres* fût décisive en 1677 dans sa détermination de se retirer du théâtre(42). A côté des autres raisons qu'avait Racine d'exécuter cet étonnant coup de barre – la perfection de *Phèdre*; le nihilisme de la *Weltanschauung* qui semble émaner de cette dernière tragédie profane; sa 'conversion', effective, quelles qu'en fussent les causes; son mariage; et par-dessus tout la charge d'Historiographe du Roi, qui excluait toute autre activité littéraire – le dépit occasionné par la réussite temporaire de Pradon ne devait pas peser très lourd.

PRADON APRES PHEDRE ET HIPPOLYTE – PROLONGATION DE LA QUERELLE

La retraite de Racine dura douze ans. Rien n'avait réduit Pradon au silence. Il est vrai que dans la querelle, après avoir fourni la pièce à conviction, il semble s'être effacé momentanément, pour laisser à ses supérieurs des Hôtels de Bouillon et de Nevers le soin de mener la bataille des locations et des sonnets. Il est vrai aussi que, après la saison du printemps de 1677, sa pièce ne resta pas au répertoire du théâtre Guénégaud et que, après la fusion des troupes, la Comédie française choisit de jouer, le 25 août 1680, pour célébrer son inauguration, la *Phèdre* de Racine. La *Phèdre et Hippolyte* de Pradon ne serait pas reprise avant le dix-neuvième siècle (voir nos Notes sur les Acteurs).

Pradon n'en profita pas moins de la notoriété que lui avait attirée la querelle. L'auteur de la *Dissertation* écrivait en avril 1677:

C'est toujours beaucoup pour Monsieur Pradon, d'avoir pû, au moins, parmi le peuple, soutenir quelque temps le parallèle avec Monsieur Racine;

---

(42) La Harpe, *Lycée*, Paris, 1818, t.V, p. 526; L.-G. Michaud, *Biog. univ.*, art. sur Pradon; Deltour, *op. cit.*, p. 368; Mesnard, *op. cit.*, pp. 248-9; Mongrédien, art. cit., p. 78.

& comme les efforts obscurs de ce jeune Auteur [il avait pourtant 33 ans, c'est-à-dire quatre ans de moins que Racine, né en décembre 1639] ont donné de l'éclat au travail de ce dernier, on peut dire que la pièce de Racine a fait valoir celle de Monsieur Pradon, quoiqu'il n'y ait aucune comparaison entr'eux...

> Au lieu de se détruire, ils se servent tous deux;
> Chaque pièce en effet se trouve redevable
> De son succès trop favorable
> A la haine de chacun d'eux
> Et tel peu sensible au mérite
> N'auroit point de Racine été voir l'Hippolyte,
> Tel autre de Pradon eût méprisé le soin
> Qui veut de leur querelle être Juge et Témoin(43).

Pradon avait eu la satisfaction de voir sa pièce prise au sérieux, non seulement par les curieux et 'le peuple', mais aussi, nous l'avons vu, par ses célèbres adversaires et par un public des plus respectables. C'était le ressentiment, certes, et l'esprit de parti, qui lui avaient dans une large mesure valu l'appui de la coterie de l'Hôtel de Bouillon, dont l'approbation littéraire n'était d'ailleurs pas une haute recommandation. Mais dans la chronique et les correspondances on faisait des parallèles entre Racine et lui, on discutait gravement des qualités de sa pièce; Pradon a dû se croire arrivé.

Si Racine avait dédaigné de riposter dans ses écrits aux attaques de Pradon, celui-ci pour une fois ne l'imita pas. Dans les *Nouvelles remarques* il dit avoir préparé sur-le-champ une parodie de la *Phèdre* rivale:

J'avois même fait en ce temps une Critique en vers sur la *Phèdre* de Monsieur R*** parce que le bruit courut [bruit probablement inventé par Pradon] qu'il en faisoit une sur la mienne. Celle que j'ay apportée à l'hôtel de Guénégaud étoit une pièce en un Acte que je lus à des personnes du premier Rang; elle les divertit assez et auroit peut-être fait connoître que les endroits les plus beaux, et les plus sérieux sont quelquefois susceptibles du plus grand comique. Cela n'ôte rien de la *Phèdre* de Monsieur Racine, que j'estime fort. Cette petite Critique s'intitulait: Le Jugement d'Apollon sur la Phèdre des anciens. Elle étoit prête à paroître sur le théâtre de Guénégaud mais par politique on la supprima(44).

Cette parodie, si elle exista, ne parut jamais, malgré la déclaration de Pradon, au

---

(43) Subligny, *op. cit.*, p. 413.
(44) *Nouvelles remarques*, p. 77.

même endroit, selon laquelle elle allait bientôt être publiée dans un recueil de ses ouvrages (celui de 1688 sans doute); mais Pradon continua à manifester publiquement une vive animosité contre Racine et encore plus contre Boileau.

Celui-ci, dans ses écrits du moins, ne s'en était pas pris à Pradon personnellement avant 1677; car ce ne fut qu'en 1694 que le nom de notre auteur vint remplacer dans la VIIe Satire celui de Boursault qui y figurait en 1666, et dans la IXe celui de Mauroy qu'on lisait dans l'édition de 1668. Il le constate lui-même, toujours au même endroit des *Nouvelles remarques* ('C'est cette *Phèdre* qui m'a attiré les satires de Monsieur D***'): c'est à partir de 1677 que Pradon alla rejoindre la bande de ses camarades de l'Hôtel de Bouillon qui avaient déjà servi de cible à la verve satirique de Boileau. C'est Boileau qui forma de lui l'idée qui est restée dans les annales littéraires.

Pradon fut tout de suite mis en vedette dans l'Epître VII, à Racine, composée en février 1677 et dont il connaissait l'existence, comme nous l'avons vu, en écrivant la Préface de *Phèdre et Hippolyte*. Après avoir fait l'éloge du génie dramatique de son ami:

> Que tu sçais bien, Racine, à l'aide d'un Acteur
> Emouvoir, étonner, ravir un Spectateur...

Boileau lui indique l'utilité que peut avoir, pour un grand écrivain désireux de perfectionner son art, la nécessité de compter avec l'envie impuissante d'une 'Cabale', de 'Rivaux obscurcis', d'un 'flot de vains Auteurs'; il lui conseille la patience et la confiance en l'avenir; pour le présent, il est l'objet de l'admiration du roi, des nobles et des gens de goût. L'épître se termine par deux allusions cinglantes à l'adresse de Pradon:

> Mais pour un tas grossier de frivoles Esprits
> Admirateurs zelez de toute œuvre insipide,
> Que non loin de la place où Brioché préside,
> Sans chercher dans les vers ni cadence ni son,
> Il s'en aille admirer le sçavoir de Pradon.

Brioché était un montreur de marionnettes logé au bout de la rue Guénégaud: il fallait donc comprendre que l'insipide *Phèdre et Hippolyte* de Pradon avait pour personnages des fantoches sans vie et sans vraisemblance. Quand à son 'sçavoir' il s'était acquis une réputation d'ignorance et de stupidité. Parmi les histoires qui circulaient sur son compte, il y avait celle que rapporte Brossette, qui veut qu'au prince de Conti lui reprochant un jour d'avoir dans une de ses pièces (*Tamerlan*) placé une ville asiatique en Europe, Pradon ait répondu qu'il ne savait pas bien la chronologie(45). Un autre jour, disait-on aussi, espérant apprendre l'opinion qu'on avait de son ouvrage, il se glissa parmi le public dans un théâtre où l'on donnait une de ses pièces. Lorsqu'on commença à siffler, il surmonta son indignation, sur le conseil d'un ami, et siffla philosophiquement avec les autres; sur quoi un mousquetaire se retourne furieux contre lui: 'Pourquoi sifflez-vous, Monsieur? La pièce est belle: son Auteur n'est pas un sot; il fait figure et bruit à la Cour.' Pradon défend son droit de siffler, on en vient aux mains, et le poète, 'sifflé et battu pour l'amour de luy-même' doit être délivré par les autres spectateurs(46). Ces deux anecdotes, sans être vraies probablement, sont sans doute bien inventées.

Au cours des années, Boileau ajoutera de nouvelles accusations à celles d'incompétence et d'ignorance contenues dans l'Epître VII. Dans l'Epître VI, composée également en 1677, la Préface de *Phèdre et Hippolyte* ('Pradon a mis au jour un Livre contre vous') figure parmi 'les Chagrins de la ville'(47). Dans l'Epître VIII, toujours en 1677, c'est une condamnation globale:

> ... la Scene Françoise est en proye à Pradon(48).

Dans la Satire VII (édition de 1694), le nom de Pradon est inséré parmi ceux des 'froids Rimeurs'(49); dans la Satire IX, il figure deux fois, d'abord parmi les auteurs ennuyeux:

> ... Perrin, Bardin, Pradon, Haynaut,
> Colletet, Pelletier, Titreville, Quinaut,

et encore, ironiquement, parmi les ennemis que Boileau va apaiser par la flatterie:

> Pradon comme un Soleil dans nos ans a paru(50).

---

(45) Brossette, *Correspondance entre Boileau et Brossette*, éd. Laverdet, Paris, 1858, p. 566.

(46) Vigneul-Marville, *Mélanges d'Histoire et de littérature*, Paris, 1725, t.II, pp. 89-90.

(47) Boileau, éd. cit., p. 123.

(48) *Ibid.*, p. 131.

(49) *Ibid.*, p. 39.

(50) *Ibid.*, pp. 51 et 56.

Dans la Satire X, ce sera Pradon 'opprimé des sifflets du parterre'(51). Pradon critique littéraire paraît dans l'Epître X, encore affûblé de sa proverbiale ignorance, et classé parmi les 'Censeurs sourcilleux', les 'Auteurs pointilleux' qui épluchent les vers de Boileau pour y trouver des faiblesses et des fautes, pour

> Hüer la Metaphore, et la Metonymie
> (Grands mots que Pradon croit des termes de Chymie).(52)

Quoique Racine ne se laissât pas aller à une telle série de récriminations publiques, il se permit quelques épigrammes. En 1680, ses conjectures sur l'origine des sifflets incriminent Fontenelle, mais décernent à Pradon l'honneur d'une autre innovation:

> Quant à Pradon, si j'ai bonne mémoire,
> Pommes sur lui volèrent largement(53).

Et ses vers sur *Germanicus* se sont avérés plus durables que la tragédie qui les inspira:

> Que je plains le destin du grand Germanicus!
> Quel fut le prix de ses rares vertus!
> Persécuté par le cruel Tibère,
> Empoisonné par le traître Pison,
> Il ne lui restait plus, pour dernière misère,
> Que d'être chanté par Pradon(54).

On a attribué à Racine une autre épigramme, sur *La Troade*, et il est certain que dans leur correspondance, Racine et Boileau s'entretenaient de leur ennemi commun en termes peu flatteurs(55). Et s'ils écrivaient, ils devaient sans doute parler aussi; Pradon, sans trop exagérer, a pu se croire l'objet d'une persécution.

Pradon laissa cuver sa réponse à l'Epître VII. Après les provocations contre Racine et Boileau contenues dans la Préface de *Phèdre et Hippolyte* il semble s'être

---

(51) *Ibid.*, p. 74.
(52) *Ibid.*, p. 142 et p. 976, n. 9.
(53) Racine, *Œuvres complètes*, éd. Pléiade, Paris, 1950, pp. 978-9.
(54) *Ibid.*, p. 979.
(55) Boileau, éd. cit., p. 748.

calmé temporairement et avoir songé à augmenter sa production théâtrale. A la fin de 1677, le Théâtre Guénégaud donna déjà la première des huit représentations d'une nouvelle tragédie, *Electre*, qui ne fut jamais imprimée. La suivante eut un meilleur sort. *La Troade* parut le 17 janvier 1679, sur la scène cette fois-ci de l'Hôtel de Bourgogne. Selon le *Mercure galant* du même mois, elle reçut à son tour, après *Phèdre et Hippolyte*, l'honneur d'être jouée devant des Altesses royales non spécifiées, et même, selon la Préface de l'auteur, devant Louis XIV:

... après avoir attiré toute la cour à Paris ..., elle a eu l'honneur d'estre représentée devant sa Majesté; qui l'a honorée d'une attention particulière, et de ses applaudissements.

On trouve dans *La Troade*, comme dans les pièces précédentes, une intrigue extrêmement compliquée, calquée sur des sources (anciennes encore une fois et fort usées dans les ouvrages de ses prédécesseurs, dont l'*Andromaque* de Racine) qu'il adoucit pour essayer de les rendre conformes au goût de son public:

L'amour de Pyrrhus [pour Andromaque] est véritable et connu, mais on m'a disputé celui d'Ulisse. Il me semble cependant qu'il n'est pas éloigné du vraisemblable, qu'Ulisse qui étoit un des plus galans hommes de la Grèce, eût pris un peu d'amour pour une Princesse aussi aimable [Polyxène].

La pièce semble ne pas avoir plu – on la déclara confuse et ennuyeuse – détestable enfin, selon l'épigramme attribuée à Racine:

Quand j'ai vu de Pradon la pièce détestable,
Admirant du destin le caprice fatal:
Pour te perdre, ai-je dit, Ilion déplorable,
Pallas a toujours un cheval(56).

Pradon, qui ne se décourageait pas facilement, fit jouer à l'Hôtel de Bourgogne au mois de décembre de la même année 1679, et imprimer en 1680 par Jean Ribou, encore une tragédie, *Statira*, dont l'intrigue très mouvementée était basée sur un roman, la *Cassandre* de La Calprenède, et dont les documents contemporains ne parlent ni en bien ni en mal. Deux ans plus tard, en janvier 1682, elle fut suivie

---

(56) Racine, éd. cit., p. 981. Un cheval: un homme ignorant et grossier, un sot (Dubois, Lagane et Lerond, *Dictionnaire du français classique*, Paris, 1971).

de *Tarquin, tragédie*, qui ne reçut que quatre représentations et qui ne fut pas imprimée.

Entre *Tarquin* au début de 1682 et *Regulus* en 1688, Pradon paraît s'être reposé de la tragédie en se consacrant à la satire et à la critique littéraire. Dans la Préface de *Phèdre et Hippolyte*, qui atteignait Boileau en même temps que Racine, il avait, tout en niant l'intention de riposter directement à l'Epître VII, fait pressentir une vengeance à long terme:

> ...on menace [le Public] d'une Satyre où l'on l'accuse de méchant goust, peut-estre parce qu'il a osé aplaudir à mon Ouvrage, & l'on me menace aussi de la partager avec luy, pour avoir esté assez heureux pour luy plaire. La satire est une Beste qui ne me fait point de peur, & que l'on range quelquefois à la raison; de sorte que si le succés de Phedre m'attire quelques traits du Sieur D*** je ne me vengeray qu'en faisant mon possible de luy fournir tous les ans de nouvelle matière par une bonne Pièce de Theatre de ma façon...

Il fit mieux: il produisit trois essais contre Boileau. Le premier selon la date de publication est *Le Triomphe de Pradon sur les Satires du Sieur D****, qui parut à Lyon en 1684, précédé d'une *Epistre à Alcandre* [le duc de Nevers] et à La Haye en 1686. Les *Nouvelles remarques sur tous les Ouvrages du Sieur D**** parurent clandestinement en 1685 sous un anonymat transparent et avec une fausse rubrique: Jean Strik, La Haye; en réalité elles furent publiées à Lyon. S'il est vrai, comme le maintient Pradon dans la Préface, que Boileau en avait fait retenir le privilège 'un an entier', il est possible que la date de composition des *Nouvelles remarques* soit antérieure à celle du *Triomphe*. Ces deux essais en vers et en prose passent en revue le *Discours au Roy*, les neuf premières *Satires*, les neuf premières *Epîtres*, l'*Art poétique* et *Le Lutrin*. Ils furent suivis en 1694 par une *Réponse à la Satire X du Sieur D****.

Dans ces trois opuscules, Pradon réagit contre les affronts réels et imaginaires qu'il avait subis de la part de Boileau et de Racine. Parfois il se défend lui-même – la plupart du temps avec un simple démenti – contre les diverses accusations d'incompétence, comme dans les *Nouvelles remarques*, où il se souvient de l'endroit dans la Satire X où Boileau se moque cruellement des déboires dramatiques de 'Pradon opprimé des sifflets du Parterre':

> Je crois que si le Sieur Despréaux voulait se mêler de venir siffler *Thisbé*, *Tamerlan* ou *Regulus* il y seroit sifflé luy-même.

Dans le même ouvrage il se fait le défenseur, comme il se devait, d'un des grands romans précieux, l'*Artamène ou le Grand Cyrus* de Mademoiselle de Scudéry, traité dans *Le Lutrin* d'"horrible Artamène':

> Cet horrible Artamène a été traduit dans toutes les langues, et même en arabe; sa lecture fait les délices de la cour,

et, continue Pradon en passant maintenant à l'attaque, ce roman fait la fortune du libraire qui le vend; quand les livres de Boileau rapporteront autant, il aura le droit de critiquer, 'mais il y a encore du chemin à faire jusque-là'.

On s'étonne de l'impertinence du ton qu'il emploie quand il se donne pour tâche, dans l'*Epître à Alcandre* qui précède le *Triomphe*, de corriger minutieusement les Satires de Boileau:

> Il est temps de montrer d'un Rimeur insolent
> Le Mérite imposteur et le petit talent,

et quand plus loin dans ce même *Triomphe* il parle du 'faible talent' de cet 'exterminateur du menu peuple du Parnasse', de la 'stérilité de son imagination' et de 'la petitesse de son génie'.

Il dénigre continuellement Racine en exaltant Corneille. Dans le *Triomphe*:

> Qu'on mêle en un Creuset Racine et tous ses vers
> Pour qui les Partisans ont tant crié merveille
> On n'en tirerait pas une once de Corneille.

Cet admirateur du vieux maître trouve Racine trop tendre:

> Jamais Quinault n'a tant répandu de sucre et de miel dans ses Opera, que le grand Racine en a mis dans son *Alexandre*, nous faisant du plus grand héros de l'Antiquité un ferluquet amoureux.

Plus loin, nous trouvons encore une parodie malicieuse, de la Satire II cette fois-ci:

> Si je veux exprimer une Muse divine
> La raison dit Corneille, et la rime Racine.

Dans les *Nouvelles remarques* on lit:

> Il n'y a que la Muse du grand Corneille, qui au jugement de tout le
> monde, porte et conserve partout des ornemens solides, et n'en déplaise
> à M. D***, il n'y a que l'impression des œuvres de ce grand Homme qui
> De Corneille vieilli, sçait consoler Paris.
> [adaptation des vers de l'Epître VII qui attribuaient cette fonction aux ou-
> vrages de Racine]

Non content d'attaquer les deux amis séparément ou de se servir de l'un pour
attaquer l'autre, il insultait l'amitié même qui les unissait:

> Si Boileau de Racine embrassse l'intérêt,
> A défendre Boileau Racine est toujours prêt;
> Ces rimeurs de concert, l'un l'autre se chatouillent,
> Et de leur fade encens tour à tour se barbouillent(57).

Dans les *Nouvelles remarques* et la *Réponse à la Satire X*, il dépeignait les deux
Historiographes du Roi paresseux, cupides, poltrons et ridicules:

> Nous n'avons encor vu rien d'eux que leurs quittances;
> Que ce qu'ils ont écrit soit bien ou mal conçu,
> Ils écrivent fort bien du moins un *j'ai reçu* ...
> Les Messieurs du Sublime, avec longue rapière,
> Et du mieux qu'ils pouvaient prenant mine guerrière,
> Allaient chacun monté sur un grand palefroi,
> Aux bons bourgeois de Gand inspirer de l'effroi...
> La Hollande en pâlit, et vit en pâlissant
> De deux auteurs armés le courroux menaçant.
> Muse, ressouviens-toi (non pas de ce qu'ils firent
> Puisqu'ils ne firent rien), mais de tout ce qu'ils dirent.

---

(57) *Le Triomphe de Pradon*, éd. de 1688, p. 114, cité Picard, *Corpus*, p. 136.

L'un d'eux tombe de son palefroi:

> Et sortant du bourbier jurant et menaçant
> Accusait de sa chute un cheval innocent(58).

Il enveloppe les deux 'sublimes' amis dans ses accusations renouvelées de 'procédé malhonnête' à l'occasion de sa *Phèdre*, et spécialement Racine, qui aurait 'empêché des pièces de théâtre de paraître dans le temps qu'on jouait [ses] pièces' et 'empêché les meilleures actrices d'y jouer'(59).

Le ton de ces trois essais est agressif, souvent grossier, mais on ne peut refuser au prodigieux aplomb de Pradon un certain respect, surtout si l'on considère que dans sa perception des limites artistiques du génie de Boileau il s'accorde avec des critiques modernes(60).

En 1688 Pradon connut son plus grand succès dramatique. Le 4 janvier sa tragédie *Regulus*(61) eut à la Comédie française sa première représentation, qui fut suivie au cours de la même année de 36 autres; la pièce resta plus de quarante ans au répertoire. Sa construction était plus simple, moins romanesque, que celle des autres tragédies de Pradon; pour une fois celui-ci avait réduit et non augmenté la complication des données de son sujet. Cette simplicité s'accordait bien avec la magnanimité volontairement cornélienne de son héros, dont le patriotisme romain savait subordonner l'amour au devoir: 'la grandeur d'âme', disait Pradon dans sa Préface, 'frappe plus que la tendresse'. On relève quelques curiosités caractéristiques: des détails concrets qui viennent contribuer à la couleur locale dans la description du triomphe; un enfant qui paraît sur la scène; certaines précisions peu 'élevées' ('en moins de quinze jours'); le public du théâtre régulier s'accommodait assez facilement de dérogations de ce genre à ce pur classicisme qui, d'après les manuels d'histoire littéraire, y régnait en souverain. Il ne devait pas être trop difficile non plus sur la qualité des vers; voici le début de *Regulus*:

> Dans peu vous le verrez, il doit ici se rendre,
> Cependant vous pouvez me parler et l'attendre.

(Et le lecteur de *Phèdre et Hippolyte* ne sera pas étonné de rencontrer cinq vers plus loin un autre 'se rendre').

---

(58) *Nouvelles remarques*, pp. 19-27, cité Picard, *Corpus*, pp. 149-50.

(59) *Ibid.*, p. 98, cité Picard, *Corpus*, p. 152.

(60) A. Adam in Boileau, éd. cit., Introduction, pp. IX-XXVII.

(61) Paris, T. Guillain, 1688, 12°.

Germanicus, tragédie, connue par l'épigramme de Racine, et représentée six fois en décembre 1694, ne fut pas imprimée.

Scipion l'Africain(62), la dernière tragédie de Pradon, fut jouée seize fois à la Comédie française en 1697, à partir du 22 février. C'est encore un sujet romain, faussé cette fois par des complications sentimentales.

La carrière de notre auteur ne finit pas en beauté. *Scipion* ne laissa dans la chronique de l'époque d'autre trace que quelques faibles plaisanteries dans *Le Poète sans fard* de François Gacon(63). Pradon mourut d'une apoplexie, au cours d'une partie de cartes, vers le 14 janvier, 1698. Il avait cinquante-quatre ans. Dans la nécrologie du *Mercure galant* du mois on lit:

Monsieur Pradon. Il étoit de Rouen, et nous a donné plusieurs pièces de théâtre, et entr'autres *Pyrame et Thisbé*, et *Regulus* qui ont paru avec beaucoup de succès.

Il existe à la Bibliothèque de la Ville de Rouen un portrait supposé de Pradon dont l'authenticité est douteuse. Il porte la légende 'J. N. Pradon, Auteur Dramatique, Dessiné et Gravé par Corot d'après Rigaud', mais on n'en connaît pas l'original. L'exécution est caricaturale; on dirait un portrait imaginaire à la manière des graveurs du dix-septième siècle(64). Selon les témoignages sur Pradon recueillis par les frères Parfaict, 'il étoit de moyenne taille et avoit l'air extremmement commun, le visage long et le menton fort avancé. Au reste sa triste fortune et son extérieur négligé ajoutoient encore à sa mauvaise mine'(65).

---

(62) Paris, T. Guillain, 1697, 12°.

(63) Libreville, 1698.

(64) Ce portrait est reproduit par Madame Sylvie Chevalley dans son *Album Théâtre Classique*, Paris, 1970, p. 182; la légende combine curieusement les deux initiales attribuées séparément à Pradon par les différents biographes. J.-B. Corot fit une partie de ses études à Rouen où il retourna souvent par la suite; s'est-il amusé un jour aux dépens d'une 'célébrité' locale? c'est possible, mais on n'ose rien affirmer.

(65) *Op. cit., loc. cit.*, cité Bussom, p. 46.

ANALYSE DU TEXTE

L'analyse de la *Phèdre et Hippolyte* de Pradon – emprunts, vols et inventions – confirme le jugement de Donneau de Visé dans le *Mercure galant* du 15 au 20 mars 1677, selon lequel il n'y avait de commun entre cette pièce et celle du même titre par Racine que le nom des personnages. Pour faciliter la comparaison des deux tragédies, nous donnons de celle de Pradon un résumé par scènes.

RESUME

La *Phèdre et Hippolyte* de Pradon contient 5 actes, 27 scènes, 8 personnages et 1738 vers; la tragédie de Racine, 5 actes, 30 scènes, 8 personnages et 1654 vers.

ACTE I, sc. 1. (à comparer avec Racine, *Phèdre*, I, 1). HIPPOLYTE révèle à son gouverneur, IDAS, qu'il va quitter Trézène: l'honneur et la gloire exigent qu'il parte à la recherche de son père, absent pour quelque raison d'état, peut-être pour délivrer Athènes de l'usurpateur Pallas; Hippolyte craint aussi, non pas la haine, comme le suppose Idas, mais l'amitié excessive de Phèdre, la fiancée de Thésée, et croit qu'elle pourrait être l'instrument de la colère des Dieux dont il se sent menacé. Il laisse entendre que, malgré sa réputation d'insensibilité, il a un attachement pour une compagne de Phèdre, la princesse Aricie [fin de l'exposition].

I, 2. Aveu d'HIPPOLYTE à ARICIE (Racine, *Phèdre*, II, 2); celle-ci avoue à son tour qu'elle l'aime depuis longtemps et voudrait le retenir à Trézène. Il explique qu'il doit se rendre digne d'elle en se rendant digne de son père: il va donc partir conquérir la gloire. Il exprime de nouveau sa crainte, s'il restait à Trézène, de subir les effets de la colère divine; et il veut fuir Phèdre. Aricie le trouve ingrat: Phèdre, selon elle, ne sera pas la marâtre sévère que sans doute il appréhende, car elle aime tendrement Hippolyte pour sa ressemblance avec Thésée, dont l'absence l'afflige beaucoup. Hippolyte souhaite en termes équivoques que le retour de Thésée vienne donner à Phèdre l'occasion de prouver son amour, et sort à l'approche de la reine [Phèdre, fiancée du roi, porte déjà ce titre].

I, 3. (Racine, *Phèdre*, I, 3). Première entrée en scène de PHÈDRE, qui se plaint à ARICIE d'un profond chagrin que celle-ci attribue à l'absence de Thésée. Au contraire, Phèdre, se justifiant par cette absence qu'elle considère comme un abandon, avoue qu'elle n'aime plus Thésée: c'est pour Hippolyte qu'elle éprouve depuis longtemps un amour malheureux et regrettable mais non défendu, puisqu'en l'aimant ce ne sont que des promesses de fiançailles qu'elle trahit. Aricie lui rappelle la chasteté bien connue d'Hippolyte; mais c'est justement la difficulté de la séduction qui a incité Phèdre (chez Racine, Aricie; *Phèdre*, II, 1) à l'entreprendre. Elle va répandre le bruit de la mort de Thésée, dont elle héritera le trône de Trézène; ainsi Hippolyte, s'il veut régner, sera obligé de l'épouser (*Phèdre*, III, 1). Elle révèle à Aricie son projet de double mariage: Deucalion, frère de Phèdre, aime la princesse [comme les spectateurs le savent depuis le vers 96] et il va venir de Crète pour lui faire sa cour. Phèdre se servira de ce frère et de son armée pour accomplir sa destinée, qui est d'aimer Hippolyte, ou de se donner la mort et de tout perdre avec elle.

I, 4. ARICIE, épouvantée, regrette son ancienne incrédulité et, voyant Hippolyte en danger, se décide à le faire partir (*Phèdre*, II, 3 et V, 1).

ACTE II, sc. 1. (*Phèdre*, II, 2). HIPPOLYTE, interrogé par ARICIE, lui dit que si son père mourait c'est elle et non pas Phèdre qu'il couronnerait reine de Trézène (dans Racine, c'est le trône d'Athènes qu'il offre à sa bien-aimée). Aricie l'exhorte à dissimuler son amour et à partir pour échapper à la vengeance de Phèdre.

II, 2. PHÈDRE essaie de retenir HIPPOLYTE en lui représentant les intérêts du peuple de Trézène (*Phèdre*, II, 5: de ses enfants). Il lui objecte la nécessité d'imiter les exploits de son père tueur de monstres et redresseur de torts (*Phèdre*, I, 1 et III, 5). Phèdre revient à la charge en lui demandant sa protection: Thésée peut être mort [le 'bruit' de sa mort que Phèdre voulait répandre (I, 3) s'est transformé en simple hypothèse] – qui défendra la reine et le pays contre leurs ennemis? ou peut-être vit-il encore, ayant abandonné Phèdre? il est quand même moins impitoyable que son inhumain de fils qui lui ressemble tant par ailleurs (*Phèdre*, II, 5). Elle lui dépeint la douceur d'aimer (*Phèdre*, I, 1). En termes qui s'appliquent tout aussi bien à ARICIE, qui assiste à cette conversation, Hippolyte déclare son amour exclusif de 'la Gloire'; mais finalement, alléguant son respect et son affection pour la reine, il cède aux supplications désespérées de celle-ci et consent malgré la prière d'Aricie à différer son départ.

II, 3. Trompée par les soupirs d'Hippolyte amoureux de 'la Gloire' et encouragée par sa décision de rester, ainsi que par certains autres indices récents (*Phèdre*, I, 1 et II, 2) qu'elle interprète à son avantage, PHÈDRE déclare à ARICIE qu'elle commence à espérer (*Phèdre*, III, 1, v. 768).

II, 4. A l'annonce par CLÉONE du retour de Thésée victorieux (*Phèdre*, III, 3), PHÈDRE, en présence d'ARICIE, manifeste son désarroi.

II, 5. PHÈDRE interprète ce retour de son 'époux' comme une injustice du ciel, à qui néanmoins elle demande la mort comme punition de son amour et de ses 'crimes'. Elle fuit pour éviter la présence de Thésée et d'Hippolyte (*Phèdre*, III, 3).

II, 6. THÉSÉE, accueilli par ARICIE, l'envoie préparer Phèdre à revoir son 'époux'.

II, 7. THÉSÉE fait à son fils le récit de ses exploits les plus récents (*Phèdre*, III, 5). Qu'HIPPOLYTE les imite: Soyez notre Rival (v. 672). Malgré certains présages alarmants qu'il ne précise pas, Thésée veut célébrer tout de suite son mariage différé. Phèdre a-t-elle beaucoup souffert de son absence? Hippolyte, confus, évite de répondre.

ACTE III, sc.1. PHÈDRE, près de mourir de chagrin, a été ranimée par ARICIE (*Phèdre*, I, 3). Celle-ci plaide la cause du roi et conseille à Phèdre de ne pas provoquer sa jalousie meurtrière, qui pourrait s'en prendre à la vie d'Hippolyte. La ferveur de la princesse éveille les soupçons de Phèdre. Poussée à la fois par la jalousie et la crainte, elle menace Aricie de la tuer si elle révèle ce qu'elle sait.

III, 2. THÉSÉE vient annoncer à PHÈDRE leur prochain mariage. Elle explique les larmes et les soupirs que cette nouvelle lui arrache en feignant de craindre la violente opposition de sa famille – père, frère et sœur – appuyée par Ænarus qui veut venger Ariane trahie par Thésée pour l'amour de Phèdre (*Phèdre*, vv. 89, 251-2 et 644). Elle demande à Thésée de différer leur mariage et de rassembler une armée pour se défendre. Le roi se sait capable de vaincre tout seul ses ennemis; ce n'est pas ce danger-là qui l'inquiète, mais l'oracle de Délos lui prédisant que l'objet de son amour va lui être ravi par une main chère. Or, Thésée croit avoir été témoin, au moment de la défaillance de Phèdre, de preuves convaincantes [encore des soupirs] de la passion d'Hippolyte pour la fiancée de son père. Pour éviter un malheur, Thésée veut faire épouser Aricie à Hippolyte [cela fera – encore – un double mariage] et il consent à laisser à Phèdre le soin de détourner sur Aricie l'amour déplacé d'Hippolyte.

III, 3. Monologue de PHÈDRE. Elle va sonder le cœur d'Hippolyte; elle ne souffrira pas de rivale.

III, 4. Piège tendu à HIPPOLYTE par PHÈDRE: quand elle lui propose la main de la jeune Hélène, il refuse en alléguant une répugnance bien précieuse pour le mariage, mais le nom d'Aricie le fait hésiter et lorsque Phèdre lui annonce qu'elle va marier la princesse à Deucalion, Hippolyte donne libre cours à son indignation et à son amour. Aveu par Phèdre de son amour pour Hippolyte (*Phèdre*, II, 5) accompagné de menaces contre Aricie, puis contre Thésée, contre Hippolyte, contre elle-même et contre la ville entière. Deucalion et son armée s'associeront à cette destruction générale.

III, 5. Monologue d'HIPPOLYTE. Il voit près de se réaliser les mauvais présages de l'exposition. Partagé entre la crainte de blesser son père en lui révélant la vérité (*Phèdre*, II, 6 et V, 1) et celle, s'il ne dit rien, de causer la mort d'Aricie, il remet à plus tard sa decision.

ACTE IV, sc. 1. THÉSÉE, furieux, exprime à ARCAS sa colère contre Hippolyte (*Phèdre*, IV, 1 et 2), qui [à l'entr'acte] a refusé d'épouser Aricie, prétextant leur jeunesse. Son père a vu dans ce refus la nouvelle preuve d'une passion pour Phèdre et, malgré l'intercession de celle-ci, va le bannir (*Phèdre*, IV, 2).

IV, 2. (*Phèdre*, IV, 4). PHÈDRE vient plaider de nouveau pour Hippolyte auprès de THÉSÉE, mais ses allusions ambiguës à une passion qui l'offense ne font qu'incriminer le fils aux yeux du père, qui promet à Phèdre qu'elle ne verra plus cet insolent. [Racine atténue la calomnie légendaire en l'attribuant à Œnone, qui l'énonce à l'entr'acte; Pradon, ayant supprimé le rôle de la nourrice, résoud le même problème de bienséance par une équivoque.]

IV, 3. Désespoir de PHÈDRE. Sa crainte pour la vie de son amant l'emporte sur sa jalousie (*Phèdre*, IV, 6) envers Aricie, qu'elle a fait emprisonner. Elle va tout avouer à Thésée et se suicider ensuite.

IV, 4. HIPPOLYTE, venu chercher Aricie, ranime la colère de PHÈDRE contre la princesse qu'elle menace de faire mourir sous les yeux de son amant. Hippolyte explique ingénument que c'est le destin qui a voulu qu'il aime Aricie, et offre sa vie en échange de la sienne. Phèdre est déchirée par des émotions contraires. Hippolyte se met à genoux devant elle pour se faire l'interprète de la passion de son père.

IV, 5. THÉSÉE surprend son fils au genoux de PHÈDRE et parlant d'amour; il veut le tuer d'un coup d'épée. Phèdre l'arrête; HIPPOLYTE sort sans expliquer sa conduite (*Phèdre*, II, 6 et IV, 2).

IV, 6. Malgré les supplications de PHÈDRE (*Phèdre*, IV, 4), THÉSÉE demande à Neptune de le venger en faisant tuer Hippolyte par des monstres marins.

ACTE V, sc. 1. PHÈDRE demande pardon à Aricie: elle vient de la libérer par reconnaissance envers Hippolyte, qui [par son silence] lui a sauvé la vie et la gloire. Elle sort pour exécuter un mystérieux projet inspiré par cette même reconnaissance.

V, 2. ARICIE s'inquiète: d'où vient ce changement? Phèdre serait-elle aimée d'Hippolyte?

V, 3. THÉSÉE, venu exprimer à ARICIE sa colère contre son fils, l'entend se plaindre de l'abandon de celui-ci et de la haine et de la jalousie de Phèdre. Il comprend tout. Plein de remords, il veut faire revenir Hippolyte (*Phèdre*, V, 5).

V, 4. MÉGISTE annonce que Phèdre a suivi Hippolyte hors de la ville. THÉSÉE et ARICIE voient dans cette circonstance la preuve de la culpabilité d'Hippolyte.

V. 5. Récit par IDAS de la mort d'Hippolyte (*Phèdre*, V. 6). Après avoir appris de Phèdre qu'apaisée maintenant elle avait libéré Aricie, il est monté sur son char pour reprendre seul, par reconnaissance, le chemin de l'exil. Un orage s'est levé et un monstre sort de la mer. Hippolyte veut le tuer, mais ses chevaux effrayés s'emportent. Il tombe, s'embarrasse dans les rênes et périt, déchiqueté par les rochers où les chevaux l'entraînent. ARICIE réclame la punition de Phèdre, mais trop tard: accourue, la reine s'est tuée d'un coup de poignard sur le cadavre d'Hippolyte, qu'elle suivra, a-t-elle dit, au-delà de la mort. Aricie sort, voulant mourir à son tour, mais THÉSÉE commande qu'on la ramène: la volonté des Dieux est déjà accomplie.

La pièce de Pradon n'est donc que le récit dramatique, réalisé avec le maximum de suspense et de surprise, d'une intrigue d'amour, à quatre personnages, qui finit mal, et où

l'ancien sujet ne persiste qu'à l'état de ruine au sein du nouveau, par l'atrocité obligée du dénouement.(1)

---

(1) Paul Benichou, *L'Ecrivain et ses travaux*, Paris, 1967, p. 299.

Malgré sa conformité à la plupart des règles externes de la tragédie, malgré la multiplication d'effets pathétiques et de tirades pleines d'emphase, la *Phèdre* sans crime de Pradon n'est pas tragique. Pour obéir aux bienséances et aussi, sans doute, pour se différencier de Racine, Pradon a choisi de l'histoire de Phèdre et Hippolyte la version moderne et française, dite épurée ou édulcorée.

L'UTILISATION DES SOURCES

Les principales études de l'évolution en France des légendes concernant le triangle Phèdre – Thésée – Hippolyte sont celles de Schmitz, Newton, Pommier, Stegmann, Benichou et Francis(2), auxquelles nous renvoyons le lecteur pour une vue d'ensemble exclue par les limites de cette edition.

La pièce de Pradon se base nécessairement, comme celle de Racine, sur le fonds commun des légendes, transmis à travers des textes anciens, notamment l'*Hippolyte couronné* d'Euripide, la *Phèdre* de Sénèque, les *Métamorphoses* d'Ovide et les *Vies* de Plutarque.

C'est surtout par l'intermédiaire de Racine et de ses autres précurseurs français qu'il utilise ses sources anciennes. Les principales tragédies françaises qui influencèrent plus ou moins nos deux auteurs furent au nombre de quatre: au seizième siècle, *Hippolyte*, de Robert Garnier (1573); au dix-septième, *Hippolyte*, de Guérin de la Pinelière (1634, imprimé en 1635); *Hypolite ou le Garçon insensible*, de Gabriel Gilbert (1645 ou 6, imprimé en 1647); et *Hippolyte*, de Mathieu Bidar (1675). Dans les pièces de La Pinelière, de Gilbert et de Bidar l'atmosphère est plus moderne qu'antique. Dans Gilbert et Bidar l'aspect choquant du sujet est adouci: Phèdre n'est plus que la fiancée de Thésée. Pour faire concurrence à Racine, Pradon a choisi, comme ces trois autres auteurs médiocres, de transformer foncièrement le sujet commun, dont il conserve cependant certains élements traditionnels en y ajoutant à tort et à travers des détails volés à son rival.

De la légende gréco-latine, nos deux auteurs gardent: la passion de Phèdre pour Hippolyte; l'offense supposée du fils contre le père; la colère de Thésée, son

---

(2) Hans Schmitz, *Die Bearbeitung der Phaedra-Hippolytus-sage durch die französischen Dichter vor Racine*, Breslau, 1915; Winifred Newton, *Le Thème de Phèdre et d'Hippolyte dans la littérature française*, Paris, 1939; Jean Pommier, 'L'Histoire d'un couple tragique' in *Aspects de Racine*, Paris, 1954; André Stegmann, *Les Métamorphoses de Phèdre*, Actes du 1ᵉʳ congrès international racinien (7-10 sept., 1961), Uzès, 1962; Paul Benichou, voir note (1); Claude Francis, *Les Métamorphoses de Phèdre dans la littérature française*, Québec, 1967.

appel à Neptune et le bannissement d'Hippolyte; le silence de celui-ci et sa mort violente; et le suicide de Phèdre.

En plus de ces données de base, et des nombreux détails structuraux et verbaux sur lesquels notre *Résumé* et nos *Notes sur le texte* attirent l'attention, les principaux éléments possédés en commun par la pièce de Pradon et celle de Racine sont les suivants: centralité, comme dans Sénèque, La Pinelière, Gilbert et Bidar, du rôle de Phèdre, secondaire dans Euripide; la transformation en amoureux du chaste Hippolyte de la légende antique (comme chez Gilbert, où il aime Phèdre, et chez Bidar, où il aime la princesse Cyane); dans les deux pièces, l'objet de son amour s'appelle Aricie, nom probablement tiré par Racine de ces *Tableaux* de Philostrate que Pradon dans sa Préface désigne d'une façon aussi inexacte que grandiose comme la source de son complexe 'épisode d'Aricie'; Phèdre jalouse d'Hippolyte, ajout moderne qu'on trouve déjà en 1675 dans l'*Hippolyte* de Bidar (la jalousie de la Phèdre de Gilbert avait été éveillée par une rivale pour l'amour de Thésée); l'action située à Trézène, comme dans Euripide, alors que dans Sénèque, Garnier, La Pinelière, Gilbert et Bidar la scène est à Athènes; Phèdre laissée par Thésée à Trézène et confiée à la protection d'Hippolyte; pour motiver en partie la conduite de Phèdre, l'accent est mis, comme chez Sénèque, Garnier et Gilbert, sur les infidélités de Thésée – cela rentre dans le schéma de la culpabilité généralisée que Pradon semble avoir adopté à l'imitation de Racine; allusions, nettement plus importantes chez Racine, aux légendes concernant l'abandon d'Ariane par Thésée et Phèdre (de semblables allusions se trouvent aussi chez Gilbert et Bidar, et cet aspect de la légende avait fait tout le sujet de l'*Ariane* de Thomas Corneille qui avait eu en 1672 un si grand succès); voile jeté au début sur les circonstances du voyage de Thésée; son retour au moment où Phèdre commence à espérer; la mort des Pallantides précédant l'action; renforcement du thème politique par l'offre faite par Phèdre à Hippolyte et par Hippolyte à Aricie de la succesion au trône (d'Athènes chez Racine, de Trézène chez Pradon); adaptation, comme chez Garnier, Gabriel et Bidar, du passage de Sénèque où Phèdre s'émerveille de la ressemblance entre Hippolyte et le jeune Thésée d'autrefois; obstination de Thésée voulant s'aveugler devant la vérité.

LA COMPOSITION DRAMATIQUE

Les rencontres entre le texte de Racine et celui de son rival sont si nombreuses qu'elles mettent hors de doute une intention de plagiat de la part de Pradon; mais c'est la différence entre les deux pièces qui frappe surtout. Ce n'est pas seulement par la qualité théâtrale et poétique de l'exécution que la supériorité foudroyante de Racine s'impose: tout dans la *Phèdre et Hippolyte* de Pradon – sujet, action, thèmes, caractères, style – part d'une conception légère et peu durable de l'art de la tragédie.

Dans son *Epître* à la duchesse de Bouillon l'auteur manifeste son contentement d'avoir modernisé et francisé son sujet. Pour se conformer aux conventions régnantes de la bienséance, il supprime la notion d'inceste qu'il trouve choquante dans la légende et dans la pièce de Racine ('voilà une grande fortune pour notre siècle de voir courir une femme après le fils de son mari et vouloir faire un inceste en plein théâtre', dira-t-il en 1685 dans les *Nouvelles remarques*); c'est sans doute pour la même raison qu'il atténue la calomnie et adoucit le dénouement de sa tragédie par un double acte d'abnégation, inspiré par la reconnaissance qu'éprouvent réciproquement les deux personnages principaux. Si son Hippolyte amoureux, débarrassé des 'épines du Grec', pourrait sans honte se présenter à la cour de Louis XIV, son Thésée galant y serait aussi à sa place. Et par sa mise à l'écart partielle de l'élément surnaturel inhérent à la légende (désaveu par Hippolyte, I, 1 et par Thésée, II, 7, des croyances superstitieuses du 'vain Peuple'), Pradon diminue la portée morale et religieuse du sujet, que les présages, l'oracle et les nombreuses invocations des Dieux ne suffisent pas à restituer.

En réalité, le sujet, comme le vit bien l'auteur de la *Dissertation*, est détruit du moment que Phèdre n'est plus que la fiancée et non la femme de Thésée. Tout en blâmant Racine pour avoir, en choisissant de traiter l'inceste, offensé les mœurs et la religion, Subligny trouvait que sans cet élément la base tragique était inexistante:

L'envie que [Monsieur Pradon] avoit de traiter le même sujet que Monsieur Racine avoit pris l'attachoit indispensablement à cette odieuse matière ... tous [ses] efforts pour adoucir un si rude sujet ne lui peuvent servir de rien, il falloit le traiter dans son affreuse vérité ou ne le point toucher du tout (p. 360).

Pourtant l'action complexe et mouvementée imaginée par Pradon fut approuvée par Subligny, qui trouvait cette tragédie 'mieux intriguée que celle de Monsieur Racine'. Et pour ce qui est des règles et conventions de la tragédie au dix-septième siècle, cette action est en général assez correcte. Malgré le nombre exagéré de péripéties, de volte-face et d'hésitations dans l'intrigue amoureuse, et les nombreuses inventions qui nourrissent l'intrigue politique (menaces de guerre; solutions contradictoires proposées par Phèdre et par Hippolyte au problème de la succession au trône de Trézène; deux projets de double mariage, chacun permettant une alliance dynastique), Pradon réussit à se conformer à la lettre, sinon à l'esprit, de l'unité de temps. La liaison des scènes est faite partout, même si la raison des sorties n'est pas toujours très claire. L'unité d'action se trouve un peu compromise par l'annonce (I, 3 et III, 2) de l'expédition de Deucalion, laquelle ne se produit pas. La catastrophe (mort d'Hippolyte), accomplie dans un récit, est suivie immédiatement par un dénouement (mort de Phèdre, chagrin d'Aricie, réactions de Thésée) très sommaire. L'unité de lieu se fait sans difficulté. Les bienséances, nous l'avons vu, sont généralement trop bien observées: elles effacent la vérité navrante du sujet; et l'on tombe quelquefois dans le ton de la comédie. La vraisemblance? hélas! les individus qu'opposent dans cette 'petite intrigue de boudoir', comme l'appelait A. W. Schlegel(3), leurs désirs agités et leurs frustrations bruyantes manquent, dans leurs paroles et leurs actions, non seulement d'envergure tragique mais souvent aussi de proportion, de logique et de suite. En outre, par la suppression de la notion d'inceste, Pradon s'est créé des problèmes techniques auxquels il donne des solutions peu 'vraisemblables'. Pour soutenir les effets pathétiques qu'il recherche et justifier les violences de ses personnages, il se voit obligé d'agrandir le simple acte de légèreté d'une princesse – le transfert de son affection au fils de son fiancé – pour en faire un crime de reine. Phèdre, même avant la calomnie, est donc motivée par moments non seulement par l'amour, la jalousie et sa crainte de la colère de Thésée abandonné, mais aussi par des remords exagérés; Thésée est désigné comme son 'Epoux'; et pour renforcer le péril d'état et la force persuasive des arguments et des menaces de Phèdre, avant le commencement de l'action elle a déjà été nommée reine.

Bien que ce soit l'action qui compte surtout pour Pradon, il semble avoir conçu, ou imité de façon sommaire sur les connaissances qu'il avait du texte de Racine, l'idée de donner à l'anecdote tragique un fond thématique en faisant dès le début à tous ses personnages une allocation de culpabilité. Il s'agit ici non pas d'une angoisse métaphysique, mais d'un sentiment à fleur de peau, d'un ornement qui prête à la pièce une symétrie toute formelle: Hippolyte (I, 1) appréhende le châtiment des Dieux pour une faute non spécifiée; Thésée, en attendant ses remords de père injuste, est accusé par Phèdre (I, 3) d'infidélité; Aricie (I, 2) se reproche le 'crime' de ne pas avoir deviné l'amour de Phèdre pour Hippolyte; et Phèdre, avant d'avoir malmené Aricie et contribué par ses insinuations à la mort d'Hippolyte, qualifie de 'crime' et de 'perfidie' son changement de sentiment envers son fiancé, dont le fils est devenu l'objet de ses soupirs. Ah, ces éternels soupirs! Pradon voulait-il, pour imiter la richesse technique de Racine, en faire un second leitmotif? Mais si la lumière et l'ombre, le ciel et les forêts, les héros et les monstres, le sang et les larmes, les regards et les silences également mortels se présentent tous clairement dans la *Phèdre* de Racine dans leur nature propre et avec leurs résonances symboliques, les soupirs arrachés continuellement aux personnages de Pradon par les émotions les plus diverses non seulement se prêtent aux fragiles quiproquos dont dépend l'action tragique, ils accusent aussi la pauvreté du vocabulaire de Pradon et le manque de netteté de sa pensée.

Quant aux caractères, lorsque Boileau insinue dans l'*Epître* VII que la *Phèdre et Hippolyte* de Pradon est peuplée de marionnettes il exagère à peine. En essayant

---

(3) *Comparaison entre la 'Phèdre' de Racine et celle d'Euripide*, Paris, 1807, p. 41.

de sortir de la situation pénible et dangereuse dans laquelle l'auteur les a plongés, les personnages obéissent plutôt aux besoins d'une intrigue contournée qu'à des nécessités psychologiques. Chacun d'eux est loti d'une ou deux caractéristiques, inhérentes à sa situation et plus ou moins persistantes, qui le différencient des autres. La Phèdre de Pradon est passionnée, violente et entreprenante – c'est elle qui initie l'action de la pièce; ses hésitations semblent avoir été plaquées sur son caractère par un auteur soucieux d'effets pathétiques. Thésée, qui dans Racine paraît tard (III, 4), intervient ici dès la scène 7 de l'acte II pour participer pleinement, comme héros fanfaron, fiancé galant mais jaloux, et père angoissé, à l'action de la tragédie. Hippolyte est gentil, il ne veut faire de mal à personne; son Aricie bien-aimée est plus ferme et finit même sur une note de férocité.

Les proportions établies entre les rôles diffèrent de façon marquée de celles choisies par Racine. Nous donnons une analyse schématique de cette distribution (les deux premières lignes signifient que dans Pradon, Phèdre paraît dans 15 scènes sur 27 et prononce 574 vers sur 1738, soit approximativement 33% du total, et que dans Racine les chiffres correspondants sont: 12 scènes sur 30, 472 vers sur 1654 et 29% du total):

PRADON	Phèdre	15/27	574/1738	33%
RACINE		12/30	472/1654	29%
PRADON	Thésée	9/27	435/1738	25%
RACINE		12/30	229/1654	14%
PRADON	Hippolyte	10/27	292/1738	17%
RACINE		12/30	355/1654	21%
PRADON	Aricie	15/27	274/1738	16%
RACINE		6/30	136/1654	8%
RACINE	Œnone	10/30	208/1654	13%
PRADON	Idas	4/27	123/1738	7%
RACINE	Théramène	10/30	181/1654	11%

Chez Pradon le rôle de Phèdre est dominant, comme chez Racine; celui de Thésée est plus considérable dans Pradon; celui d'Hippolyte l'est moins; celui d'Aricie, qui cumule les fonctions de rivale et de confidente de Phèdre, est plus important (16%) que celui du personnage racinien du même nom, moins pourtant si on ajoute à ce dernier le rôle d'Œnone (8%+13%). Ainsi, dans Pradon, Phèdre se place à côté de Thésée pour faire avec lui (et non comme dans Racine avec Hippolyte) le premier couple dramatique selon le volume combiné de leurs rôles (58%); le second couple (33%) comprend, à peu près sur un pied d'égalité, Hippolyte et Aricie. La tendance générale de Pradon est celle d'un nivellement qui, par rapport à Racine, diminue la prépondérance de Phèdre, et qui met en présence tous les principaux personnages en leur qualité tantôt d'amants, tantôt de rivaux ou de rivales (jamais, au cours de l'action, l'Aricie de Racine ne rencontre sa Phèdre).

Tous ces personnages s'expriment, volubiles, dans un style dont les maladresses, les répétitions fatigantes et les rares splendeurs sont commentées dans nos *Notes sur le texte*.

De Racine à Pradon il y eut plagiat, mais non transfert d'idées. Pradon ne récolta apparemment de ses écoutes que des éléments – structuraux ou verbaux – superficiels, qu'il encastra dans une tragédie elle-même toute en surface où, dans l'action, l'anecdote concrète ne se double d'aucune armature abstraite, d'aucun message tragique; où la forme, négligée, sans dynamisme interne, sans solidarité avec le sujet, est presque totalement dénuée d'expressivité. Inutile de chercher dans ce texte la conjonction de thèmes existentiels que nous trouvons dans la *Phèdre* de Racine: conflit dans la conscience individuelle entre la responsabilité morale et une fatalité providentielle, héréditaire et passionnelle; potentiel meurtrier de l'amour; effets corrupteurs de toute affection, même familiale; irréversibilité du temps humain; impossibilité d'une communication limpide de l'homme avec l'homme et de l'homme avec Dieu. Dans la pièce de Pradon rien de tel, pas plus que la majesté de l'atmosphère antique, le sondage implacable des profondeurs psychologiques, ou l'harmonie poétique qui complète la catharsis tragique. Pradon, pour compenser ces défauts dont il n'avait probablement même pas conscience, offrait tout simplement à son public une intrigue amoureuse, d'un ton moderne et français, où la situation initiale se résolvait au moyen d'une longue série de violents rebondissements dont la vivacité semble avoir plu un certain temps.

BIBLIOGRAPHIE

LE TEXTE

Il n'existe aucun manuscrit de *Phèdre et Hippolyte*. La première édition, de 1677, fut suivie de trois autres, la première de 1679, la seconde de 1695, et la troisième de 1744, quarante-six ans après la mort de l'auteur. Les éditions de 1679 et de 1695 n'apportèrent au texte de 1677 que quelques modifications typographiques sans importance. L'édition de 1744 s'écarte légèrement en quelques endroits du texte de 1677.

1.1677   PHEDRE//&//HIPPOLYTE//TRAGEDIE//PAR Mr PRADON// A PARIS,//Chez JEAN RIBOU, au Palais, dans la //Salle Royale, à l'Image S. Loüis//M. DC. LXXVII.//AVEC PRIVILEGE DU ROY [12°, pp. 12+71+1]. C'est l'édition originale, que nous suivons exactement dans la nôtre. Les recueils factices de 1679 (Jean Ribou) et de 1688 (Thomas Guillain) (voir ci-dessous, RECUEILS 1 et 2) reproduisent inchangé le texte de la *Phèdre et Hippolyte* de 1677.

L'Extrait du privilège imprimé à la fin de l'édition de 1677 est absent de toutes les autres et de tous les recueils.

2.1679   PHEDRE//ET//HIPPOLYTE//TRAGEDIE//par Mr PRADON// Suivant la Copie imprimée,//A PARIS//M. DC. LXXIX [12°, pp. 2+70]. C'est une réimpression, avec quelques variantes typographiques et quelques fautes d'impression supplémentaires, de l'édition originale. Je ne l'ai trouvée que dans le recueil factice de Schelte (1695) (voir ci-dessous, RECUEIL 3(i)).

3.1695   PHEDRE//ET//HIPPOLYTE//TRAGEDIE. Dans *Le Théâtre de Mr de Pradon* de la Veuve Mabre-Cramoisy, [12°], pp. 149-236 (voir ci-dessous, RECUEIL 3(ii)). Une nouvelle impression du texte de 1677, dont les variantes typographiques, en elles-mêmes sans importance, ne correspondent souvent pas à celles de 1679. C'est le texte réimprimé à son tour dans les recueils de 1732 et de 1741 (voir RECUEILS 5 et 6).

4.1744   PHEDRE//ET//HIPPOLYTE//TRAGEDIE. Dans *Les Œuvres de Mr Pradon* de 1744 [12°], pp. 203-292 (voir ci-dessous, RECUEIL 7). Cette édition reproduit, avec de nombreuses modifications typographiques, le texte original. La ponctuation, notamment, a été 'corrigée', subissant des rectifications dont la principale est l'indication (quelquefois fantaisiste), au moyen d'un ou deux points, des principales pauses grammaticales et oratoires, quelque peu masquées dans les éditions antérieures par l'emploi obsédant de la virgule.

Cette édition de 1744 contient aussi quelques modifications plus importantes, mais assez arbitraires, dictées par des considérations de correction et de bienséance, et concernant uniquement une des 'grandes scènes', la troisième de l'Acte I (vv. 215, 284, 298 et 319). Deux indications scéniques, justifiées par le sens du texte, sont introduites dans la seconde scène de l'Acte II (vv. 488 et 492). Ces modifications sont indiquées à leur place dans les *Notes sur le texte*.

LES RECUEILS

Les trois premiers titres représentent des recueils factices, qui réunissent, reliés ensemble avec un titre général, des textes parus à des dates diverses; dans le cas de *Phèdre et Hippolyte*, ils reproduisent l'une ou l'autre des versions que nous venons d'énumérer. Les recueils de 1732 et de 1741 sont des réimpressions du RECUEIL 3(ii).

1.1679   *Les//Œuvres//de//M' Pradon//*A Paris//Chez Jean Ribou, Au Palais, dans//la Salle Royale, à l'Image. S. Loüis//MDC LXXIX//Avec Privilege Du Roy. [12°]. Factice. Contient *Pirame et Thisbé*; *Tamerlan ou la Mort de Bajazet*; *Phèdre et Hippolyte* (texte de 1677, TEXTE 1 ci-dessus) et *La Troade*.

2.1688   *Les//Œuvres//de//M' Pradon//*A Paris//chez Thomas Guillain, sur le// Quay des Augustins//à la descente du Pont-Neuf//à l'Image saint Loüis// M.DC.LXXXVIII//Avec Privilège du Roy. [12°]. Factice. Contient les 6 tragédies parues jusqu'à cette date, dans un ordre qui varie selon l'exemplaire: *Pirame et Thisbé*; *Tamerlan ou la Mort de Bajazet*; *Phèdre et Hippolyte* (reproduction intégrale du texte de l'édition originale de 1677); *La Troade*; *Statira*; *Régulus*.

3.1695   (i) *Les Œuvres de Mons'. Pradon//*suivant la Copie imprimée A PARIS// A AMSTERDAM//chez ANTOINE SCHELTE, Marchant//Libraire, prés la Bourse//M.DC.XCV. [12°]. Factice. Collection des Elzévirs; imprimé pour Schelte par Abraham Wolfgang. Contient *Pirame et Thisbé*; *Phèdre* *et Hippolyte* (texte de 1679); *Tamerlan ou la Mort de Bajazet; La Troade; Statira; Régulus* (cette dernière pièce manque dans quelques exemplaires). Dans ce recueil l'éditeur a fait précéder chaque tragédie d'une taille-douce; nous reproduisons en frontispice celle qui nous intéresse.

(ii) *LE//THEATRE//DE MR//DE PRADON//* A PARIS//CHEZ la VEUVE MABRE-CRAMOISY [il s'agit probablement, à cette date, de ses successeurs]//M.DC.XCV//AVEC PRIVILEGE DU ROY. [12°]. Nouvelle impression, avec pagination consécutive, de *Pirame et Thisbé; Tamerlan ou la Mort de Bajazet; Phèdre et Hippolyte; La Troade; Statira; Régulus.* Comme le fait remarquer Schelte dans une notice du *Libraire au Lecteur* qui précède son recueil (voir ci-dessus RECUEIL 3(i)), les Epîtres et les Préfaces de *Pirame et Thisbé* et de *Tamerlan* manquent dans le recueil Mabre-Cramoisy, et l'Epître de *Régulus* est déplacée.

Quant à *Phèdre et Hippolyte*, nous en rencontrons ici une nouvelle impression (voir ci-dessus, LE TEXTE, 3) du texte de 1677. Elle sera reproduite en 1732 et 1741 (voir ci-dessous, RECUEILS 5 et 6).

4.1700   *LES//ŒUVRES//DE M^r//PRADON//*A PARIS//CHEZ PIERRE RI-BOU, proche les//Augustins, à la descente du Pont-Neuf,//à l'Image. S. LOÜIS//M.DCC//AVEC PRIVILEGE DU ROY. [12°]. Réimpression, avec pagination partiellement consécutive, de *Pirame et Thisbé; Tamerlan ou la Mort de Bajazet; Phèdre et Hippolyte* (texte de 1679, pagination 147-218); *La Troade; Statira; Régulus; Scipion l'Africain.*

5.1732   *LE//THEATRE//DE M^r//DE PRADON//*A Paris//Chez la Veuve MABRE-CRAMOISY//MDCCXXXII//AVEC PRIVILEGE DU ROI. [12°]. Réimpression du RECUEIL 3(ii).

6.1741   *LE//THEATRE//DE M^r//DE PRADON//*A LA HAYE//chez AN-TOINE VAN DOLE//M.DCC.XLI. [12°]. Réimpression du RECUEIL 3(ii).

7.1744   *LES // ŒUVRES // DE // Mr PRADON. // DIVISEES EN DEUX TOMES,//NOUVELLE EDITION.//Corrigée et augmentée.//A PARIS, //Par la Compagnie des Libraires Associés.//M.DCC. XLIV//Avec Approbation, & Privilége du Roi.* Deux vols. 12°. Ce recueil porte le même titre que les RECUEILS 1, 2, 3(i) et 4; l'édition est 'augmentée', c'est-à-dire qu'elle contient la série complète des sept tragédies: *Scipion* ne datait que de 1697 et parmi les recueils antérieurs à 1744 il n'y avait que celui de 1700 qui le contînt. T.I: *Pirame et Thisbé*; *Tamerlan ou la Mort de Bajazet*; *Phèdre et Hippolyte*; *La Troade*. T.II: *Statira*; *Régulus*; *Scipion l'Africain*.

ETUDES

BEAUREPAIRE, Charles de, *Notice sur le Poète Pradon*, Rouen, 1899.

BOSQUET, Amélie, 'Une Victime de Boileau', *Revue de Rouen et de Normandie*, 15e année, 1847, pp. 274–300.

BUSSOM, Thomas W., *The Life and Works of Pradon*, Paris, 1922.

DEDEYAN, Charles, *Racine et sa Phèdre*, 2e éd., Paris, 1978.

DELTOUR, F., *Les Ennemis de Racine au XVIIe siècle*, Paris, 1859.

FOUCHER, Paul, *Les Coulisses du passé*, Paris, 1873, pp. 75–88.

FRANCIS, Claude, *Les Métamorphoses de Phèdre dans la littérature française*, Québec, 1967.

LA HARPE, J. F. de, *Cours de Littérature*, Paris, 1821, t.V, pp. 564–578.

LANCASTER, Henry C., *A History of French Dramatic Literature in the Seventeenth Century*, New York, 1940, Part IV, vol. I.

MESNARD, Paul, *Œuvres de Jean Racine*, collection des Grands Ecrivains de la France, nouvelle éd., Paris, 1865, Notice sur *Phèdre*, tome 3, pp. 245–303.

MONGREDIEN, Georges, 'Une vieille querelle: Racine et Pradon', *Revue bleue*, 15 jan. et 5 fév. 1921, pp. 52–58, 77–82.

NEWTON, Winifred, *Le Thème de Phèdre et Hippolyte dans la littérature française*, Paris, 1939.

PICARD, Raymond, *La Carrière de Jean Racine*, Paris, 1956; *Corpus Racinianum*, Paris, 1956.

STACKELBERG, Jürgen v., 'Racine, Pradon und Spitzers Methode', *Germanisch-Romanische Monatsschrift*, Neue Folge, Bd XIX, 1969, pp. 413–434.

STEGMANN, André, 'Les Métamorphoses de Phèdre', *Actes du 1ᵉʳ Congrès international racinien*, Uzès, 1962, pp. 44–52.

SUBLIGNY, A. T. P. de, (Attribuée), 'Dissertation sur les Tragédies de Phèdre et Hippolyte', Paris, 1677, in Granet, F., *Recueil de Dissertations sur plusieurs tragédies de Corneille et de Racine*, Paris, 1740, pp. 351–414.

TEXTE DE LA PRESENTE EDITION

Nous suivons rigoureusement ici l'édition originale de 1677, dont nous respectons partout l'orthographe et la ponctuation, sauf là où il s'agit de fautes typographiques évidentes. Voici la liste des leçons rejetées, avec nos rectifications:

PREFACE, p. [4], ligne 24 oules : ou les
v. 176 indication scénique HIPPOLITE : HIPPOLYTE
v. 421 allarmes. : allarmes,
v. 568 amour : amour!
v. 581 Fils? : Fils,
v. 672 faite : faites
v. 771 Souhaitez-lé : Souhaitez-le
v. 790 de nouveaux sacrifices : un nouveaux sacrifice
v. 967 gémissent : gémisse
v. 1114 refufe : refuse
v. 1172 farouche austere : farouche, austere
v. 1229 tendre : rendre
ActeV, sc. iii, ind. scén.   Cardes : Gardes
v. 1524 Reyne : Reyne.
v. 1570 Où : Ou
v. 1593 imprécarions : imprécations
v. 1602, ind. scén. PHÈDRE : THESÉE
EXTRAIT DU PRIVILEGE, p. 73, ligne 10 auroit : auront droit

Dans les indications scéniques, nous avons régularisé l'emploi, négligé plusieurs fois en 1677, de *E'* dans la seconde syllabe du nom de THESÉE, et du point après le nom de chaque interlocuteur; au vers 1605, *à Ar.*, écrit maintenant en toutes lettres, devient *à Aricie.*

Nous avons fixé à trois à chaque occasion le nombre des points de suspension, lequel variait en 1677 entre deux, trois et quatre.

Les abréviations *ã ẽ õ*, utilisées en 1677 par Jean Ribou dans certains vers plus longs que les autres pour permettre d'imprimer tout le vers sur la même ligne, ont été remplacées respectivement par:

an: vv. 118 sans; 173 sans, grand; 275 brulant; 558 grands; 649 dans; 1223 sans; 1240 tant; 1340 répandre; 1593 dans em: v. 165 temps

en: v. 275 pretendez

om: vv. 177 tombent; 1081 tombant; 1386 comme

on: vv. 65 sont; 106 abandonner; 152 longtemps; 177 Non; 187 sont; 318 mon, ordonne; 325 contraire; 565 mon; 688 connoitrez; 916 Montrez; 962 donnons; 1014 mon, ton; 1217 front; 1379 connoitre; 1380 donc; 1386 mon; 1422 Monstre, Monstres; 1603 mon

Dans la présente édition, comme en 1677, -é final à la première personne du singulier représente -ai du passé simple (vv. 444, 448, 573, 630, 632, 650, 1015, 1610).

Nos références à la Phèdre de Racine se rapportent à l'édition de Paul Mesnard, tome 3 (1865) de la collection des Grands Ecrivains de la France, Paris, 1865–73.

PHEDRE
&
HIPPOLYTE,
TRAGEDIE.
PAR MR PRADON.

A PARIS,

Chez JEAN RIBOU, au Palais, dans la
Salle Royale, à l'Image S. Loüis.

M. DC. LXXVII.
AVEC PRIVILEGE DV ROY.

EPISTRE
A MADAME
LA DUCHESSE
DE BÜILLON

MADAME,

Souffrez qu'Hippolyte sorte aujourd'huy dû fonds de ses Forests, pour venir rendre hômage à Vostre ALTESSE. Bien que ce Prince fust le plus habile Chasseur de son temps, son adresse auroit cedé sans-doute à celle que vous faites admirer si souvent à toute la France dans ce noble Exercice, & il auroit esté charmé de vous y voir avec tout cet éclat & cette grace qui vous accompagnent toûjours. Ne vous êtonnez pas, MADAME, s'il vous paroît dépoüillé de cette fierté farouche & de cette insensibilité qui luy estoit si naturelle, mais en auroit-il pû conserver aupres des charmes de V. ALTESSE? Enfin si les Anciens nous l'ont dêpeint comme il a esté dans Trezene, dû moins il paroîtra comme il a dû estre à Paris; & n'en déplaise à toute l'Antiquité, ce jeune Héros auroit eu mauvaise grace de venir tout herissé des épines du Grec, dans une Cour aussi galante que la nostre. Ce n'est pas, MADAME, que V. ALTESSE ne penetre admirablement toutes les beautez des Anciens. Outre le merite de sa Personne & l'éclat de son Rang, elle possede encore au dessus de celles de son Sexe, des avantages plus solides du costé de l'Esprit, puis que (si je l'ose dire) elle sçait puiser dans leurs sources les beautez d'Horace & d'Ovide, & des plus celebres Auteurs dont elle nous pouroit donner des leçons. On sçait d'ailleurs, MADAME, que V. ALTESSE ne juge jamais des Ouvrages par cabale, ou par prévention, mais toûjours avec un discernement si juste, accompagné de tant de penetration & de délicatesse, & dans une si grande droiture de raison, qu'elle ne laisse rien à rêpondre aux plus entestez. Ce sont ces raisons, MADAME, qui ont forcé Hippolyte à venir vous rendre ses respects, & vous remercier des bontez dont V. ALTESSE l'a dêja daigné honorer au Theatre: il vous en demande la continuation sur le papier; heureux! s'il peut avoir l'honneur de vous plaire une seconde fois. Quoy qu'il en soit, je luy auray toûjours l'obligation, d'avoir servy de pretexte à mettre vostre illustre Nom à la teste de cet Ouvrage, pour rendre têmoignage à toute la France des obligations que je vous ay, & du profond respect avec lequel je seray toûjours,

MADAME,

    DE VOSTRE ALTESSE,

Le tres-humble & tres-
obeissant Serviteur.
PRADON.

PREFACE.

Voicy une troisiéme Piece de Theatre de ma composition: elle a causé bien de la rumeur au Parnasse, mais je n'ay pas lieu de me plaindre de son succés; il a passé de si loin mon attente, que je me sens obligé d'en remercier le Public, & mes Ennemis mesme, de tout ce qu'ils ont fait contre moy. A l'arrivée d'un second Hippolyte à Paris, toute la République des Lettres fust émuë; quelques Poëtes traiterent cette entreprise de temerité inoüye, & de crime de leze-Majesté Poëtique; sur tout

La Cabale en pâlit, & vit en frémissant
Un second Hippolyte à sa barbe naissant.

Mais les honnestes Gens aplaudirent fort à ce dessein; ils dirent hautement, qu'Euripide, qui est l'Original de cet Ouvrage, n'auroit jamais fait le procés à Seneque, pour avoir traité son Sujet, ny Seneque à Garnier, ny Garnier à Gilbert. Ainsi j'avoüe franchement, que ce n'a point esté un effet du hazard qui m'a fait rencontrer avec Mr Racine, mais un pur effet de mon choix; J'ay trouvé le sujet de Phedre beau dans les Anciens, j'ay tiré mon épisode d'Aricie, des Tableaux de Philostrate, & je n'ay point veu d'Arrest de la Cour qui me défendit d'en faire une Piece de Theatre. On n'a jamais trouvé mauvais dans la Peinture, que deux Peintres tirassent diverses Copies du mesme Original; & je me suis imaginé que la Poësie, & sur tout le Poëme Dramatique, qui est une Peinture parlante, n'estoit pas de pire condition. Il seroit mesme à souhaiter pour le divertissement du Public, que plusieurs Autheurs se rencontrassent quelquefois dans les mesmes Sujets, pour faire naître cette noble émulation qui est la cause des plus beaux Ouvrages. Mais quelques Autheurs intéressez n'ont pas esté de ce sentiment, ils se sont érigez en Régens du Parnasse, ou plutôt en Tyrans, & ils ont étably entre eux (en étoufant les Ouvrages des autres, ou les empeschant de paroître) cette Maxime des Femmes Sçavantes de Moliere,

Et nul n'aura d'esprit hors nous & nos Amis.

En verité, n'en déplaise à ces grands Hommes, ils me permetront de leur dire en passant que leur procedé & leurs manieres sont fort éloignées de ce Sublime qu'ils tâchent d'atraper dans leurs Ouvrages: Pour moy, j'ay toûjours crû qu'on devoit avoir ce caractere dans ses mœurs, avant que de le faire paroître dans ses Ecrits, & que l'on devoit estre bien moins avide de la qualité de bon Autheur, que de celle d'honneste Homme, que l'on me verra toûjours préferer à tout le sublime de Longin. Ces anciens Grecs, dont le style est si sublime, & qui nous doivent servir de modelles, n'auroient point empesché dans Athenes les meilleures Actrices d'une Troupe de joüer un premier Rôle, comme nos Modernes l'ont fait à Paris au Theatre de Guenegaud. C'est ce que le Public a veu avecque indignation & avec mépris; mais il m'en a assez vangé, & je luy ay trop d'obligation, pour diférer plus longtemps à l'avertir de ce qui se trame contre luy; on le menace d'une Satyre où l'on l'accuse de méchant goust, peut-estre parce qu'il a osé aplaudir à mon Ouvrage, & l'on me menace aussi de la partager avec luy, pour avoir esté assez heureux pour luy plaire. La Satyre est une Beste qui ne me fait point de peur, & que l'on range quelquefois à la raison; de sorte que si le succés de Phedre m'attire quelques traits du Sieur D*** je ne m'en vangeray qu'en faisant mon possible de luy fournir tous les ans de nouvelle matiere par une bonne Piece de Theatre de ma façon, afin de meriter une Satyre de la sienne, à l'impression de laquelle je ne m'oposeray jamais, quoy qu'on ait voulu empescher mon Libraire d'imprimer ma Piece. C'est une trop plaisante nouvelle pour n'en pas réjoüir mon Lecteur. Il ne poura pas aprendre sans rire que ces Messieurs veulent oster la liberté aux Autheurs de faire des Pieces de Theatre, aux Comédiens de les joüer, aux Libraires de les imprimer, & mesme au Public d'en juger.

Je n'ay point parlé icy de la conduite de cet Ouvrage; elle a esté genéralement trop aprouvée, quoy que je me sois un peu éloigné de celle d'Euripide & de Seneque; mais j'en feray voir les raisons en un autre lieu par une Dissertation plus ample que j'en donneray au Public.

Au reste je ne doute point que l'on ne trouve quelques fautes dans cette Piece, dont les Vers ne m'ont coûté que trois mois, puis qu'on en trouve bien dans celles qu'on a esté deux ans à travailler & à polir.

ACTEURS.

THESÉE, Roy d'Athenes.

PHEDRE, Fille de Minos & de Pasiphaé,
enlevée par Thesée.

HIPPOLYTE, Fils de Thesée & d'Antiope
Reyne des Amazones.

ARICIE, Princesse de la Contrée d'Attique.

IDAS, Gouverneur d'Hippolyte.

ARCAS, Confident de Thesée.

CLEONE, Confidente d'Aricie.

MEGISTE, Femme de la Suite de Phedre.

GARDES.

La Scene est à Trezene.

PHEDRE

ET

HIPPOLYTE.

TRAGEDIE.

* * *

ACTE I.

SCENE PREMIERE.

HIPPOLYTE, IDAS.

HIPPOLYTE.

Ouy, j'en frémis, Idas, tant de tristes présages
Sont du Ciel en couroux les funestes messages,
Je ne sçay par quel crime Hippolyte odieux
Peut attirer sur luy les menaces des Dieux;
5   Je vois toutes les nuits cent Images funebres
Qui meslent leur horreur à celle des tenebres,
Ce matin, dans le Temple où j'ay sacrifié,
Au col de la Victime un Serpent s'est lié,
Qui luy perçant la gorge, en écumant de rage,
10 M'en a fait rejalir le sang sur le visage;
Le Prestre, à ce prodige, interdit & tremblant,
Seul aupres de l'Autel m'a laissé tout sanglant,
Je suis sorty du Temple, & jamais Sacrifice
Ne s'est veu commencé sous un plus noir auspice,
15 Ah! j'en frissonne encore, & vois de tous costez
Et la Foudre qui gronde, & les Dieux irritez.

IDAS.

Ce prodige, Seigneur, me surprend & m'étonne,
A ce recit afreux moy-méme je frissonne,
Mais il faut esperer de la bonté des Dieux ...

HIPPOLYTE.

20   Eloignons-nous de Phedre, & fuyons de ces lieux;
Oüy, c'est par elle, Idas, que le Ciel nous menace,
Le desir de la gloire, & Phedre, tout me chasse,
Je crains qu'elle ne soit le fatal instrument
De la haine des Dieux & de leur châtiment.

IDAS.

25   Je vous entens, Seigneur, au retour de Thesée
Vous craignez les malheurs d'un second Hymenée,
Le nom d'une Marâtre est toujours odieux;
Mais, Seigneur, si j'en crois le raport de mes yeux,
Phedre, pour adoucir ce titre de Marâtre,
30   Vous chérit, vous respecte, enfin vous idolâtre,
A tant d'égars, de soins ...

HIPPOLYTE.

              Et c'est là, cher Idas,
Ce trop d'égars, de soins, qui fait mon embarras,
Sa trop tendre amitié me pese & m'importune,
Qu'elle joüisse en paix d'une illustre fortune,
35   Que mon Pere pour elle avance son retour,
Qu'il luy jure à mes yeux une eternelle amour,
Que Phedre ait pour Thesée une tendresse extréme,
J'y consens, à l'Autel je la conduis moy-mesme,
Et je voudrois déja que l'un à l'autre unis
40   Phedre eût le nom de Mere, & moy celuy de Fils.
  L'absence de Thesée est tout ce qui me gesne,
Je veux donc aujourd'huy m'éloigner de Trezene,
Suivre, ou chercher mon Pere, & quitant ce Palais,
L'abandonner à Phedre, & ne la voir jamais.

IDAS.

45   Quoy? Seigneur, croyez-vous pouvoir suivre Thesée?
La route des Enfers est-ce une route aisée?

Et par toute la Grece un bruit est répandu
Que dans ces tristes lieux Thesée est descendu.
Ne trouvant plus de Monstre à vaincre sur la terre,
50   Il porte en d'autres lieux son bras & le tonnerre,
Il va jusqu'aux Enfers rétablir l'équité,
Et du sein de la mort à l'immortalité.

HIPPOLYTE.

Quoy? tu ne rougis pas d'une telle foiblesse?
Prétens-tu m'ébloüir des Fables de la Grece?
55   Peux-tu croire un mensonge? Ah! ces illusions
Sont d'un Peuple grossier les vaines visions;
Sans-doute que Thesée a voulu faire croire
Que jusques aux Enfers il peut porter sa gloire,
Mais jamais aux Mortels de cet afreux sejour
60   L'inéxorable sort n'a permis le retour.
Peut-il (enorgueilly d'une Race Divine)
Dans les bras de Pluton enlever Proserpine?
Traverser le Cocyte avec Pirrythoüs,
Bien qu'ils soient des Héros, Idas, c'est un abus,
65   Quoy qu'audessus de nous ils sont ce que nous sommes,
Et comme nous enfin les Héros sont des Hommes.

IDAS.

Mais, Seigneur, où Thesée a-t-il tourné ses pas,
En quels lieux, quels Païs?

HIPPOLYTE.

Nous l'ignorons, Idas;
Apres la mort d'Egée on sçait que dans Athenes
70   La brigue de Pallas luy donna mille peines,
Il vint mettre en ces lieux la Reyne en seûreté,
Et jura de punir cette ingrate Cité.
Ils estoient sur le point d'unir leur destinée,
Et leur foy mutuelle estoit déja donnée,
75   La mort de mon Ayeul en recula le jour,
Avec Pirrythoüs il sortit de sa Cour,
Ainsi, de cet Hymen la pompe fût remise;
Sans-doute ils ont formé quelque haute entreprise,
Phedre le vit partir, & le vit sans regret,
80   Et de tous leurs desseins ignore le secret;

J'en veux estre éclaircy, je veux chercher mon Pere;
Mais aprens aujourd'huy ce qui me desespere,
Prest à suivre Thesée & sortir de ces lieux
Pour soûtenir en moy l'honneur du sang des Dieux,
85   Te l'avoûray-je enfin quand la gloire m'entraîne,
Que de puissans liens m'attachent à Trezene.

IDAS.

Qui peut vous retenir, Seigneur, en cette Cour?
Vous estes l'ennemy declaré de l'Amour,
Vous n'aimez que la Chasse & le plaisir pénible,
90   On vous donne par tout le titre d'insensible,
Et vostre Pere mesme & chagrin, & jaloux,
Mit Phedre en vostre garde, & se confie en vous.
   La belle Æglé; sur tout la Princesse Aricie,
Quel l'on voit avec Phedre étroitement unie,
95   Qui doit porter un jour la Couronne d'Argos,
Et qui charma le cœur d'un des Fils de Minos,
Ne touchent point le vostre; & cette jeune Helene,
Que Thesée enferma dans les Murs de Trezene,
Et dont l'enlevement nous coûta ...

HIPPOLYTE.

                       C'est assez,
100 Sauvons-nous de ces Dieux qui nous ont menacez,
Ne sondes point un cœur que j'ay peine à connoître,
Je croy voir Aricie, oüy, je la vois paroître,
Laisses-nous un moment, & sans plus diférer,
Pour mon depart, Idas, va-t-en tout préparer.

SCENE II.

ARICIE, HIPPOLYTE.

HIPPOLYTE.

105 Madame, vous passiez sans-doute chez la Reyne;
Mais puis que je suis prest d'abandonner Trezene,
Soufrez que je vous parle, & qu'en quitant la Cour ...

ARICIE.

Quoy, Seigneur, vous partez?

HIPPOLYTE.

Peut-estre dés ce jour
Je vais chercher Thesée.

ARICIE.

Ah Ciel! est-il possible?
110 Qu'à ce depart, Seigneur, Phedre sera sensible!
Mais quoy? vous n'avez rien qui vous retienne icy,
Thesée est loin de nous, vous nous quittez aussy,
Sans trouble, sans chagrin vous sortez d'une Ville
Où ... Que l'on est heureux d'estre né si tranquille!

HIPPOLYTE.

115 Si j'estois si tranquile en sortant de ce lieu,
Sans crainte, sans chagrin je vous dirois adieu,
Madame, & cependant ...

ARICIE.

Seigneur, parlons sans feinte,
Quand on est sans amour, on est toûjours sans crainte,
Vostre superbe cœur l'a toûjours outragé.

HIPPOLYTE.

120 Eh! Madame, vos yeux ne l'ont-ils point vangé?
Assez, & trop longtemps, d'une bouche profane
Je méprisé l'Amour, & j'adoré Diane;
Solitaire, farouche, on me voyoit toûjours
Chasser dans nos Forêts les Lions & les Ours;
125 Mais un soin plus pressant m'occupe & m'embarasse,
Depuis que je vous vois j'abandonne la Chasse,
Elle fist autrefois mes plaisirs les plus doux,
Et quand j'y vais, ce n'est que pour penser à vous.
Tous nos Grecs m'accusant d'une triste indolence,
130 Font un crime à mon cœur de son indiférence,
Et je crains que vos yeux qui le trouvoient si fier
Ne prennent trop de soin de le justifier;
Mais le sang dont je sors leur devoit faire croire

Que le Fils de Thesée estoit né pour la gloire,
135 Madame, & vous voyant ils devoient présumer
Que le cœur d'Hippolyte estoit fait pour aimer.

ARICIE.

Seigneur, je vous écoute, & ne sçais que répondre,
Cet aveu surprenant ne sert qu'à me confondre,
Comme il est impréveu, je tremble que mon cœur
140 Ne tombe un peu trop tost dans une douce erreur;
Mais puis que vous partez je ne dois plus me taire,
Je souhaite, Seigneur, que vous soyez sincere;
Peut-estre j'en dis trop, & déja je rougis
Et de ce que j'écoute & de ce que je dis;
145 Ce depart cependant m'arrache un aveu tendre
Que de longtemps encor vous ne deviez entendre,
Et dont mon cœur confus, d'un silence discret,
En soûpirant tout bas m'avoit fait un secret;
Ie ne sçay dans quel trouble un tel aveu me jette,
150 Mais enfin, loin de vous je vais estre inquiete,
Et si vous consultiez icy mes sentimens,
Vous pouriez bien, Seigneur, n'en partir de longtemps.

HIPPOLYTE.

Ah! Madame, faut-il que par un sort bizarre,
Quand l'Amour nous unit, la Gloire nous separe?
155 Puis qu'enfin de Thesée Hippolyte jaloux
Veut en suivant son Pere estre digne de vous.
Que me sert de sortir d'une Race Divine,
Si mon cœur ne répond à sa noble origine?
Je suis chargé d'un Nom qu'il me faut soûtenir,
160 Je suis Fils de Thesée, & dois m'en souvenir,
Et je n'ay point encor par aucune victoire
D'alliance avec luy du costé de la Gloire.
   Consentez-donc, Madame, à ce juste depart.

ARICIE.

Ah! pour y consentir je sens qu'il est trop tard,
165 Seigneur, & croyez-vous qu'il soit temps de m'aprendre
Sur le point d'un depart, que vostre cœur est tendre?
Ce depart me confond, cet aveu me surprend,
Helas! que n'estes-vous encore indiférent!

HIPPOLYTE.

Non, Madame, croyez qu'Hippolyte vous aime,
170   Qu'en s'éloignant de vous il s'arrache à luy-méme,
Mais j'ay mille raisons d'abandonner ces lieux.
Que diray-je? J'y crains la colere des Dieux,
Sans-doute un grand malheur nous menace, & peut-estre
Vous vous repentirez ...

ARICIE.

Je le dois bien connoître,
175   Ce malheur me regarde, & puis que vous partez,
Sans-doute contre moy les Dieux sont irritez.

HIPPOLYTE.

Non, non, c'est sur moy seul que tombent leurs menaces,
De l'illustre Thesée il faut suivre les traces,
Et s'il le faut encore avoüer entre nous,
180   Je m'éloigne bien plus de Phedre que de vous.

ARICIE.

Ah! Seigneur, je le voy, vous haïssez la Reyne,
Vous ne pouvez soufrir qu'elle regne à Trezene,
Et le Bandeau Royal qu'elle porte à vos yeux,
Au front d'une Marâtre est sans-doute odieux.
185   Cette Phedre pourtant si charmante & si fiere
Fait voir une amitié pour vous tendre & sincere;
Oüy, Seigneur, tous les jours mes yeux en sont témoins,
Peut-estre pour Thesée en auroit-elle moins;
Dans vostre air, de Thesée elle trouve l'image,
190   Ces traits qui luy sont chers sont sur vostre visage,
Je l'écoute avec joye, helas! je m'aplaudis
Que brûlant pour le Pere elle adore le Fils,
Tous ses soins vont pour vous jusqu'à l'inquiétude,
Et je rougis, Seigneur, de vostre ingratitude.

HIPPOLYTE.

195   Ah! Madame!

ARICIE.

Hier encor elle parloit de vous
D'un air, dont mon esprit estoit presque jaloux;
Que j'endurois, Seigneur, une dure contrainte,
Quand luy cachant mes feux sous une injuste feinte
Elle me reprochoit alors avecque ardeur
200 Que je parlois de vous avec trop de froideur.
On diroit à la voir languissante, abatuë,
Qu'un poison lent, secret, la consume, la tuë,
Et de son cher Epoux le triste éloignement
Depuis un si longtemps la touche tendrement;
205 Elle pleure souvent, sans cesse elle soûpire,
L'absence de Thesée est pour elle un martyre...

HIPPOLYTE.

Et pour elle & pour nous que n'est-il retour?
Madame, vous verriez l'excés de son amour.
Elle vient, je vous quite.

ARICIE.

Helas! il fuit la Reyne,
210 Et son empressement n'attire que sa haine.

SCENE III.

PHEDRE, ARICIE.

PHEDRE, à part.

Arreste, Phedre, arreste, & cours plutôt cacher
Un secret que l'Amour commence à t'arracher;
Et vous, cruels Tyrans, impétueuse flame,
Gloire, dépit, raison, qui déchirez mon ame,
215 Secret fardeau pesant qui me fais soûpirer,
Helas! pour un moment laissez-moy respirer.
Princesse, vous voyez une Reyne affligée
Dans les plus noirs chagrins mortellement plongée,
Qui ne peut plus se taire, & qui n'ose parler,
220 Et qui cherche par tout qui peut la consoler.

ARICIE.

Madame, je conçois les douleurs d'une Amante,
Quand d'un Heros qu'elle aime elle est longtemps absente;
Vous adorez Thesée, & sans doute les Dieux
Par son heureux retour exauceront vos vœux,
225   Ils seront attendris de l'état pitoyable...

PHEDRE.

Que vous connoissez mal la douleur qui m'accable!
Je ne pourois le voir sans un mortel effroy,
Et Thesée infidelle a dégagé ma foy.
Toute la Grece sçait que Phedre infortunée,
230   De mesme qu'Ariane en est abandonnée;
Sur le point d'un Hymen il ose me trahir,
Il me quite l'Ingrat, & je dois le haïr,
Et bien que contre luy tout me parle & m'irrite,
Je ne sçaurois haïr le Pere d'Hippolyte.

ARICIE.

235   Ah! conservez, Madame, un si beau sentiment,
Thesée est vostre Epoux & toûjours vostre Amant,
Bien qu'il vous ait quittée, il n'est point infidelle,
Il court sans balancer où la gloire l'apelle,
Les Héros comme luy, par cent périls divers,
240   Vont chercher les Tyrans au bout de l'Univers,
Et souvent sa valeur à son amour fatalle
Vous donne dans son cœur la Gloire pour Rivalle,
Mais son retour enfin ...

PHEDRE.

           A ce fatal retour,
Pour Rival à sa Gloire il trouvera l'Amour,
245   Mais peut-estre un Amour qui nous sera funeste,
Un Amour malheureux que ma vertu déteste;
Aricie, il est temps de vous tirer d'erreur,
Je vous aime, aprenez le secret de mon cœur;
Et les soûpirs de Phedre & le feu qui l'agite,
250   Ne vont point à Thesée, & cherchent Hippolyte.

ARICIE.

Hippolyte!

PHEDRE.

Et Trezene est le fatal sejour
Où le Fils de Thesée alluma cet amour.
On fust à nostre abort rendre les Dieux propices,
Au Temple de Diane on fist des Sacrifices,
255   D'une pompeuse Feste Hippolyte eut les soins,
Mes yeux, mes tristes yeux, en furent les témoins.
Escorté d'une illustre & superbe Jeunesse,
En luy je vis l'honneur & la fleur de la Grece,
L'air d'un jeune Héros, un front majestueux;
260   La douceur de ses traits, & le feu de ses yeux,
Cette fierté charmante, & ce grand caractere
(Tel que porte le front de son auguste Pere)
Ebloüirent mes yeux, & passant en mon cœur
Je connus Hippolyte, & sentis mon vainqueur,
265   Il offrit la Victime, & d'un desir profane
J'enviois en secret le bonheur de Diane,
J'aurois voulu luy faire un larcin de ses vœux,
Je conjurois Vénus de luy donner mes feux,
Mais la Déesse enfin me punit de ce crime,
270   Du Sacrifice helas! Phedre fust la victime,
Et sans plus respecter la sainteté du Lieu,
Mon cœur n'y reconnut qu'Hippolyte pour Dieu.

ARICIE.

Ah! Madame, Thesée avec plus de justice
Devoit estre l'objet d'un si beau Sacrifice;
275   Mais brulant pour son Fils, Dieux! que pretendez-vous?
Hippolyte le Fils de vostre illustre Epoux!

PHEDRE.

Non, non, les derniers nœuds des Loix de l'Hymenée
Avec Thesée encor ne m'ont point enchaînée,
Je porte sa Couronne, il a reçeu ma foy,
280   Et ce sont mes sermens qui parlent contre moy.
Les Dieux n'allument point de feux illégitimes,
Ils seroient criminels en inspirant les crimes;
Et lors que leur couroux a versé dans mon sein
Cette flame fatale & ce trouble intestin,
285   Ils ont sauvé ma gloire, & leur couroux funeste
Ne sçait point aux Mortels inspirer un Inceste,

Et mon ame est mal-propre à soûtenir l'horreur
De ce crime, l'objet de leur juste fureur.

ARICIE.

Mais, Madame, songez qu'Hippolyte infléxible,
290 Aux charmes de l'Amour ne fust jamais sensible,
Son naturel sauvage & sa sombre fierté
Luy font toûjours fermer les yeux à la Beauté;
La farouche Amazone, Antiope sa Mere,
Luy donna dés l'enfance une humeur triste & fiere,
295 Et farouche comme elle, & dans nos Bois errant,
Solitaire, il promene un cœur indifférent.

PHEDRE.

Helas! je me croyois plus superbe & plus fiere,
De la Race des Dieux, Fille de la Lumiere,
Avec dédain j'ay veu des Roys humiliez
300 En la Cour de Minos soûpirer à mes pieds;
Mais Dieux! nous méprisons les conquestes faciles,
Nous voulons ébranler les cœurs les plus tranquiles,
Et c'est le piege adroit où l'Amour nous surprend,
Quand il arme nos yeux contre un Indifférent.
305 Par orgueil on veut vaincre, on s'atache, on s'oublie,
En voulant l'attendrir on se trouve attendrie,
Nostre fierté commence à nous abandonner,
Et l'on prend de l'amour lors qu'on croit en donner.

ARICIE.

Que je vous plains, Madame, & que vous devez craindre!

PHEDRE.

310 C'est trop longtemps me taire, & c'est trop me contraindre,
Parlons, puis qu'il y va du repos de mes jours,
Ne me refusez pas de fidelles secours,
J'aime Hippolyte, aimez Deucalion mon Frere,
Son cœur brûle pour vous d'une flame sincere,
315 Et pour unir la Crete au Royaume d'Argos,
Il doit mettre à vos pieds le Sceptre de Minos;
Oüy, Princesse, portez une double Couronne;
Pour moy, qui suis les Loix que mon amour m'ordonne,
Aux ordres du Destin je vais m'abandonner,

320   Hippolyte dans peu se verra couronner,
      J'ay preparé l'esprit du Peuple de Trezene
      A le proclamer Roy comme il me nomma Reyne,
      De la mort de Thesée on va semer le bruit,
      Et pour ce grand dessein j'ay si bien tout conduit,
325   Qu'il faudra qu'Hippolyte à mes vœux moins contraire
      Reçoive cette Main destinée à son Pere,
      Et que s'il veut regner, le Trône estant à moy,
      Qu'il ne puisse y monter qu'en recevant ma foy.
      Quoy? de ce grand projet Aricie est surprise?

ARICIE.

330   Madame, je frémis d'une telle entreprise,
      Et je tremble pour vous ... enfin pour vostre amour.
      Juste Dieux! si Thesée avançoit son retour,
      Que feriez-vous, Madame?

PHEDRE.

               Ah! ma chere Aricie,
      Il est plus d'un chemin pour sortir de la vie,
335   Mais mon Frere dans peu viendra me secourir,
      Et j'attens une Armée avant que de mourir;
      Je sçay quelle amitié pour moy vous intéresse,
      Unissons-nous ensemble, & plaignez ma foiblesse,
      J'aime, je brûle, ainsi l'ont ordonné les Dieux,
340   La mort, la seule mort, peut éteindre mes feux;
      Puis que le Destin veut que j'adore Hippolyte,
      J'obeïs, son Arrest me tient lieu de merite;
      Mais si je suis réduite à ne rien esperer,
      Je puis tout perdre. Adieu, je vais tout préparer,
345   Et pour ce grand dessein, où mon amour m'entraîne,
      Travailler en Amante, & commander en Reyne.

SCENE IV.

ARICIE.

Ah! Dieux! c'estoit donc là cette tendre amitié,

Ces maux & ces langueurs de qui j'avois pitié?
Ses feux m'ont abusée, & j'en suis interdite,
350 Phedre, Phedre à mes yeux brûle pour Hippolyte.
   Credule & jeune encor, jusqu'à ce triste jour
Je n'ay sçeu démesler l'Amitié de l'Amour;
Mais quoy? ses yeux remplis de langueur & de flame,
Trahissoient si souvent le secret de son ame,
355 Ses soûpirs & ses feux me devoient éclairer,
Et la simple amitié fait-elle soûpirer?
   Cependant Phedre cede au torrent qui l'entraîne,
Que faire? Juste Ciel! elle est Amante & Reyne,
Cher Hippolyte helas! tu voyois ce danger?
360 Elle peut tout, du moins elle peut se vanger;
Fuis de ces tristes Lieux; va, si tu m'en veux croire,
Mettre en depost ton cœur dans le sein de la Gloire,
Et malgré mon amour qui veut me démentir,
Je cours en soûpirant t'ordonner de partir.

Fin du Premier Acte.

ACTE II.

SCENE PREMIERE.

ARICIE, HIPPOLYTE.

ARICIE.

365   Je n'en puis revenir, & j'en soúpire encore;
Pourquoy me cachiez-vous que Phedre vous adore?
Sa bouche en m'accablant a dissipé l'erreur
Dont ses soúpirs devoient avoir instruit mon cœur.

HIPPOLYTE.

Madame, de quel front pouvois-je vous aprendre
370   Ce secret si fatal que vous deviez entendre?
Helas! estoit-ce à moy de parler?

ARICIE

                Non, Seigneur,
Ce n'estoit point à vous, mais c'estoit à mon cœur,
C'estoit moy qui devois estre plus penétrante,
Et sans estre jalouse helas! est-on Amante?
375   Quoy donc? tranquilement j'ay veu Phedre pleurer?
J'ay pú la voir sans crainte à vos yeux soúpirer?
Non, Seigneur, l'amitié ne fust jamais si tendre,
Et sans crime, l'Amour ne pouvoit s'y méprendre.
Mais enfin, ç'en est fait, & je veux m'en punir,
380   C'est à present, Seigneur, que je dois vous bannir,
Moy-mesme loin d'icy je consens ...

HIPPOLYTE

                Ah! Madame,
Je ne connoissois pas la force de ma flame,
Et je sens que mon cœur par un prompt repentir
A cet éloignement a peine à consentir;

385 Je le pressois tantost, vous m'osiez le defendre,
Vous le pressez, mon cœur refuse de s'y rendre;
Tremblant aupres de vous, incertain, & confus,
Je ressens des transports qui m'estoient inconnus;
Quand je veux rapeler en ma triste memoire,
390 Que mon Pere me parle aussi-bien que ma gloire,
Je l'entens pres de Phedre, & lors que je vous vois,
L'Amour parle, & mon cœur n'écoute que sa voix.

ARICIE.

Ah! Seigneur, craignons Phedre, & je n'ose vous dire
Son pouvoir, ses desseins, son amour, j'en soúpire,
395 Elle est belle, elle regne, & peut unir son sort ...
Que feriez-vous, Seigneur, si Thesée estoit mort?

HIPPOLYTE.

Je vous couronnerois, Madame, dans Trezene,
Aux yeux de Phedre mesme.

ARICIE.

                          Ah! redoutez sa haine,
Je connois sa fureur, il faut la ménager,
400 Un amour offensé peut-il pas se vanger?
Si Phedre penétroit ce dangereux mistere,
Je serois exposée à toute sa colere,
Heureuse, si moy seule attirois son couroux!
Mais helas! je craindrois qu'il ne tombât sur vous.
405 Que diray-je? je crains vos yeux, vostre visage,
Et pourquoy n'a-t-il plus cet air triste & sauvage
Qui glaçoit autrefois mes feux & mes desirs?
Ah! s'il se peut, Seigneur, étoufez vos soúpirs,
Rapelez, rapelez vostre heureuse indolence,
410 Que l'Amour vous redonne un air d'indiférence,
Et pour cacher à Phedre une innocente ardeur,
Demandez à vos feux une feinte froideur?
     Mais non, partez plutost, & suivez vostre Pere,
Voyez ce qu'il a fait, ce que vous devez faire,
415 Le depart est plus seúr, & dút-il m'accabler,
Rapelez ces vertus qui me faisoient trembler.

HIPPOLYTE.

Quoy? donc ...

ARICIE.

J'aperçois Phedre, ah! cachons nostre flame,
Et craignons que nos yeux ne trahissent nostre ame.

HIPPOLYTE.

Je ne répons de rien en l'état où je suis.

ARICIE.

420 Souvenez-vous, Seigneur, de qui vous estes Fils?

SCENE II.

PHEDRE, HIPPOLYTE, ARICIE.

PHEDRE.

On vient de nous donner de sensibles allarmes,
Seigneur, & qui pouroient nous coúter bien des larmes;
Idas prepare tout, & pour un grand dessein
On dit que vous partez peut-estre dés demain.
425 Quoy? Seigneur, croyez-vous que le Peuple tranquile
Vous laisse apres Thesée abandonner sa Ville?
Mais pour vous faire encor demeurer avec nous,
Vous verrez tous les Grecs tomber à vos genoux;
Vous connoissez l'amour du Peuple de Trezene,
430 Il ne souffrira point ...

HIPPOLYTE.

J'aimerois mieux sa haine,
Madame; pretend-il pour me prouver sa foy,
Disposer d'Hippolyte & du Fils de son Roy?
Je veux suivre mon Pere, & ce depart l'étône;
Quoy? sorty d'Antiope, une illustre Amazône,
435 Et Fils du grand Thesée, il sçait trop qu'aujourd'huy

Je n'ay rien fait encor digne d'elle ou de luy.
A mon âge Thesée avoit purgé la terre
De cent Monstres cruels qui luy faisoient la guerre,
Et dés les premiers coups qui partoient de ses mains,
440 Attachoit à son bras le repos des Humains;
Qu'ay-je fait jusqu'icy qu'errant & solitaire
Entendre en soûpirant les hauts faits de mon Pere?
Mon Ayeul Pytheüs prist soin de m'élever,
Je cherché les périls que je pouvois braver,
445 Et ce Peuple est témoin que le Fils de Thesée
A du sang des Lions fait rougir son Epée;
La Chasse seule alors eût pour moy des attraits,
De Monstres à mon tour je purgé nos Forests,
Et j'ay perdu des coups, qui meritoient peut-estre
450 D'acabler des Tyrans qui m'auroient fait connoître.
Cependant jusqu'icy ma sterile valeur
D'un vil sang répandu ne peut me faire honneur;
Mon nom à peine écrit sur l'écorce des Arbres,
N'est point encor gravé sur l'airain ou les marbres,
455 Et le nom d'Hippolyte, & ses plus grands exploits,
Sont connus seulement aux Echos de nos Bois,
Quand le nom glorieux de l'illustre Thesée
Occupe avecque éclat toute la Renommée.

PHEDRE.

De si grands sentimens sont dignes d'un Héros,
460 L'on vous a toûjours veu l'ennemy du repos,
Et vostre ame, Seigneur, de la gloire embrasée,
Fait reconnoître en vous le Fils du grand Thesée:
Mais qui nous defendra contre nos Ennemis?
Le Pere est mort peut-estre, & nous perdons le Fils,
465 Ce Fils qu'avec raison la Grece aime, revere,
Ce Fils l'auguste image & le cœur de son Pere,
Dont les traits sont si chers à mes sens desolez,
D'un Pere (quoy qu'ingrat) à qui vous ressemblez,
Seigneur, il m'abandonne, & du moins s'il respire
470 Pour Phedre encor, peut-estre en secret il soûpire,
Et son cœur est touché d'un reste de pitié,
Quand le vostre insensible aux traits de l'amitié,
Dans son indifférence, & cruel, & barbare,
Rend Hippolyte helas! de ses regards avare.
475 Ah! Seigneur, si jamais vostre cœur enflamé

Connoissoit la douceur d'aimer & d'estre aimé!...

HIPPOLYTE.

Ah! qu'il est dangereux de le trop bien connoître,
Madame, cet amour qui devient nostre Maître!

PHEDRE.

Tout aime cependant, & l'Amour est si doux,
480   La Nature en naissant le fait naître avec nous,
L'Univers n'eût jamais de Peuple si sauvage,
Qui des premiers soúpirs ne luy rende l'hômage;
Si tost que la Nature aprend à respirer,
L'Amour en mesme temps aprend à soúpirer;
485   Un Scyte, un Barbare aime, & le seul Hippolyte
Est plus fier mille fois qu'un Barbare & qu'un Scyte.

HIPPOLYTE.

Ah! Madame, depuis que j'ay reçeu le jour,
Je n'aime que la Gloire, & déteste l'Amour;
Mais les brúlans desirs que sa beauté m'inspire
490   Attendrissent mon cœur, il gémit, il soúpire,
C'est elle qui le touche, il la voit, il s'y rend ...
Vous voyez que mon cœur n'est pas indifférend,
Madame, mais aussi c'est cette mesme gloire
Qu'Hippolyte a toújours presente en sa memoire;
495   L'image de Thesée & de ses grands exploits,
Excite ma vertu, l'apelle à haute voix,
C'est elle qu'il faut suivre, & qu'adore Hippolyte,
Et c'est pour elle enfin qu'il faut que je vous quite.

PHEDRE.

Ah! Seigneur, demeurez, ne précipitez pas
500   Un depart qui m'annonce un funeste trépas,
Sans Thesée ou sans vous je ne sçaurois plus vivre,
Si vous partez enfin, Phedre sçaura vous suivre.
Si Thesée estoit mort, helas! dans mes malheurs
J'attendrois vostre main pour essuyer mes pleurs;
505   Mais enfin ce depart ne sert qu'à me confondre,
Et de Phedre, Seigneur, devez-vous pas répondre?
Elle est en vostre garde, & son sort en vos mains,
Mais vous estes toújours le plus fier des Humains;
Ah! Princesse, parlez, joignez-vous à mes larmes.

ARICIE.

510 Madame, pour un cœur la gloire a bien des charmes.

PHEDRE.

Si ce depart, Seigneur, se pouvoit différer?
Faut-il pas quelques jours pour vous y préparer?

ARICIE *tout bas.*

Partez, Seigneur, partez.

HIPPOLYTE *à Phedre.*

Hé le puis-je, Madame,
Différer un depart? ... Quel trouble dans mon ame!
515 Cependant je prévois qu'il faudra différer
Ce depart, dont mon cœur commence à murmurer;
Je dois trop de respect aux ordres d'une Reyne;
Pour quelques jours encor je demeure à Trezene.
Oüy, j'obeïs, Madame, & cet ordre est si doux,
520 Qui malgré mes desseins me retient pres de vous,
Que ma gloire jalouse en demeure interdite;
Mais helas! je ne suis ny Barbare, ny Scyte.
Adieu, Madame.

SCENE III.

PHEDRE, ARICIE.

PHEDRE.

Ah Ciel! qu'ose-t-il declarer?
Tout farouche qu'il est, je le voy soúpirer?
525 En croiray-je mes yeux? Ah! ma chere Aricie,
Depuis quand Hippolyte a-t-il l'ame attendrie?
Oüy, j'ay leu dans ses yeux une tendre langueur,
Son desordre annonçoit le trouble de son cœur,
Son visage inquiet m'a paru moins farouche,
530 Malgré luy ses soúpirs échapoient de sa bouche,
En parlant pour la Gloire il parloit foiblement,
Et contre l'Amour mesme il parloit tendrement.

ARICIE.

Mais s'il vous en souvient, l'exemple de son Pere,
D'Hippolyte a fait voir l'ame & le caractere;
535 Quel desir de la gloire, & quelle avidité
Nous marquoit d'un Héros la noble activité?

PHEDRE.

Je ne sçay si la gloire excitoit son envie,
Mais cette activité s'est bientost rallentie,
Et bien qu'elle ait pour luy des charmes assez doux,
540 Il partoit, cependant il demeure avec nous.
Son esprit agité, sa douce incertitude ...
Mais depuis quelque temps il hait la solitude,
Il n'est plus si souvent dans le fonds des Forêts,
Il va moins à la Chasse, il demeure au Palais,
545 Il n'a plus l'air sauvage, il nous cherche, il soûpire;
Je repasse en secret tout ce qu'il a sçeu dire,
La Gloire le pressoit de sortir de ma Cour,
Mais Dieux! y seroit-il arresté par l'Amour?
Et, si nous en croyons à ce mesme Hippolyte,
550 Il n'est plus, a-t-il dit, ny Barbare, ny Scyte;
Si son cœur est sensible, il peut l'estre pour moy,
Je pouray luy donner la Couronne & ma foy,
Thesée est loin de nous, un rayon d'espérance
Me flate, & l'on peut tout par la persévérance.
555 Princesse, ah! je commence enfin à respirer,
Thesée est mort peut-estre, & je dois espérer ...

SCENE IV.

CLEONE, PHEDRE, ARICIE.

CLEONE.

Apprenez le bonheur que le Ciel nous envoye,
Tout le Peuple à grands flots par mille cris de joye
Solemnise, Madame, un si fortuné jour,
560 Et de l'heureux Thesée annonce le retour.

PHEDRE.

Ah Ciel!

CLEONE.

Du fier Pallas il a puny l'audace,
Aux Portes de Trezene Hippolyte l'embrasse,
Tous deux vers le Palais ...

PHEDRE.

Il suffit, laissez-nous.

SCENE V.

PHEDRE, ARICIE.

PHEDRE.

O Ciel! injuste Ciel! ce sont là de tes coups,
565 Acheve, & pour punir mon amour & mes crimes,
Du centre de la terre ouvre-moy les abîmes?
Thesée est à Trezene? Ah! funeste retour
Qui m'arrache à jamais l'espoir de mon amour!
Quoy? l'ame toute en feu d'Hippolyte embrasée,
570 Iray-je recevoir l'infortuné Thesée,
Iray-je m'exposer à ses chagrins jaloux?
Thesée est cependant un Héros, mon Epoux,
Je l'aimé, je l'avoüe, il eut pour moy des charmes,
Au defaut de mon cœur je te donne des larmes,
575 Héros, que malgré moy je quite & je trahis,
Mais helas! ne t'en prens qu'aux vertus de ton Fils,
Pourquoy l'as-tu fait naître avec tant de merite?
Pourquoy te trouves-tu le Pere d'Hippolyte?
Et puis que c'est ton sang qui triomphe de toy,
580 Accuses-en les Dieux, sans te plaindre de moy?
  Que ne puis-je changer de cœur & de visage!
Je crains que de son Fils il n'y trouve l'image,
Mon trouble, ma rougeur, mes regards languissans,
Tout parle d'Hippolyte & du feu que je sens,
585 Mon front va me trahir, & ma langue interdite
M'accuser à Thesée, & nommer Hippolyte,
Mes yeux en sont remplis, mon cœur en est atteint,

Et dans tous mes transports Hippolyte est dépeint,
Il vient avec Thesée, ah Ciel! ils sont ensemble,
590 Je les verray tous deux? ah! Princesse, j'en tremble,
J'entens du bruit, on vient, je cours dans ce malheur
Leur cacher mon amour, ma rage, & ma douleur.

SCENE VI.

THESÉE, HIPPOLYTE, IDAS,

ARICIE, Gardes.

ARICIE.

Quoy, Seigneur, est-ce vous? Ah Dieux! quelle allégresse
Pour nous, pour Hippolyte, & pour toute la Grece,
595 De revoir un Héros toûjours victorieux ...

THESÉE.

Madame, avec plaisir je reviens dans ces lieux,
Et suis charmé de voir une belle Princesse
Prendre encor quelque part en ce qui m'intéresse;
Allez trouver la Reyne, allez la préparer
600 A revoir un Epoux à ses pieds soûpirer,
Je connois l'amitié qui vous lie avecque elle;
Princesse, portez-en la premiere nouvelle,
Je vous suivray de pres, & dans peu de momens
Ayant donné quelque ordre, avec vous je m'y rends.

SCENE VII.

THESÉE, HIPPOLYTE, IDAS,

Gardes.

THESÉE.

605 Vous me voyez, mon Fils, une insigne victoire

Adjoûte un nouveau lustre à l'éclat de ma gloire,
Non pas, comme l'ont crû mille Peuples divers,
Qui me font aujourd'huy revenir des Enfers,
Du reste des Humains je distingue Hippolyte,
610 A cent autres j'ay peint le Styx & le Cocyte,
La flame & les horreurs de ces Fleuves ardans,
Et la sombre pâleur de leurs manes errans;
Mais je crois vous devoir un recit plus sincere,
Vostre esprit est guery des erreurs du vulgaire,
615 J'ay dû par politique en répandre le bruit,
J'ay d'un pareil projet un vain Peuple séduit;
   Aprenez donc, mon Fils, que sortant de Trezene,
Je suspendis l'amour pour faire agir la haine,
Pallas me fist quiter Phedre pour le punir,
620 Et différer l'Hymen qui nous alloit unir:
Le superbe Pallas par de sourdes intrigues
Formoit depuis longtemps de redoutables brigues,
Et déja comme luy ses orgueilleux Enfans
Dans Athenes marchoient sur les pas des Tyrans;
625 Je pouvois, il est vray, venir à force ouverte
Avec cent mille Bras travailler à leur perte,
Et j'aurois veu bientost mes desseins achevez
Sur le débris des Murs que j'avois élevez,
Mais j'aurois confondu le crime & l'innocence;
630 Je donné quelque temps pour meurir ma vangeance,
D'Athenes je voulus moy-mesme me bannir,
Et je n'oublié tout que pour m'en souvenir.
Un grand dessein se forme à l'ombre du mistere,
L'art de la Politique est d'aprendre à se taire,
635 Je me tûs, je partis avec Pirrythoüs,
Et dans plusieurs Païs passant en inconnus,
Nous avons étoufé des victoires celebres,
Et cent faits éclatans sous d'heureuses tenebres;
J'ay déguisé mon nom, de crainte que mon bras
640 Ne trahit mon dessein, ne l'apprit à Pallas;
Plus que mes Ennemis j'ay redouté Thesée,
Et craignant que ma gloire, ou que ma renômée
Ne courust déceler mon nom à l'Univers,
J'ay sçeu l'ensevelir jusques dans les Enfers.

HIPPOLYTE.

645 Ce grand grand projet, Seigneur, charmoit la Populace,

PH-F

Et la Grece imbécille adoroit une audace
Qui devoit ...

THESÉE.

Ecoutez un dessein mieux formé,
Et les puissans motifs qui m'avoient animé;
Quand Pallas me croyoit ou mort, ou dans les chaînes,
650   J'endormis sa prudence, & volé vers Athenes,
Je m'y rends inconnu, j'y gagne en peu de temps
Des Amis, des Soldats, & des Chefs importans,
Il se trouve surpris, il se met en défence,
Mais mon bras dans son sang assouvit ma vangeance,
655   Ses Gardes, ses Enfans viennent de toutes parts,
Et font tomber sur nous une gresle de dars,
Pirrythoüs succombe, & ma juste colere
Immole les Enfans sur le corps de leur Pere,
J'en fais un sacrifice aux manes irritez
660   D'un Amy tout sanglant qui tombe à mes costez,
A mille coups afreux, enfin à cette Epée
Toute Athenes frémit & reconnut Thesée,
Elle tombe à mes pieds, & presque en un instant
Fust d'un Peuple rebelle un Peuple obeïssant.
665   De tout ce que j'ay fait j'ay voulu vous instruire,
Voila, dans ses projets, comme on doit se conduire,
Avec quelle prudence on forme un grand dessein,
Et comme on doit agir & de teste & de main;
Voila par quelle route Alcide qu'on renomme,
670   Devenant un Héros, s'est distingué d'un Homme,
Je l'ay suivy: Mon Fils, devenez-en jaloux,
Soyez nostre Rival, & faites plus que nous.

HIPPOLYTE.

Seigneur, à quelle ardeur vostre exemple me livre!
Pour faire plus qu'Alcide, il ne faut que vous suivre,
675   Et marchant sur les pas que vous m'avez tracez,
Passer tous les Héros qui nous ont devancez,
Vous m'avez enseigné le chemin de la gloire,
Et je brûle, Seigneur ...

THESÉE.

Il m'est doux de le croire,

Voyons Phedre, & donnons quelque chose à l'amour,
680 Je l'adore, & je vais l'épouser en ce jour.
Puissent les justes Dieux oublier leurs menaces,
Et verser loin de nous leurs fatales disgraces,
Mais mon Fils me rassure, & je vois mon erreur,
Phedre chérit Thesée, & je connois son cœur,
685 Sans-doute elle a fait voir pendant ma longue absence
Bien de l'inquiétude & de l'impatience;
Parloit-elle souvent de Thesée?

HIPPOLYTE.

Oüy, Seigneur;
Mais vous connoistrez mieux ses transpors, son ardeur,
Vous-mesme . . .

THESÉE.

Allons, mon Fils, sans tarder davantage,
690 De mon cœur à ses yeux faire un nouvel hômage,
Et remplissant bientost ses plus ardans souhaits,
Voir le plus heureux jour que nous verrons jamais.

Fin du Second Acte.

ACTE III.

SCENE PREMIERE.

ARICIE, PHEDRE.

PHEDRE.

Ouy, je romps avec vous pour un soin trop fidelle;
Que vous avois-je fait pour m'estre si cruelle,
695   Lors que vostre barbare & funeste amitié
Vous rend inéxorable à force de pitié?
J'estois heureusement tombée évanoüye,
Mes mortelles douleurs alloient finir ma vie,
Seule & sans nul secours, preste à finir mon sort,
700   Dans cet afreux sommeil j'envisageois la mort,
Enfin sans mouvement en proye à ma foiblesse,
Par un dernier soúpir j'étoufois ma tendresse,
Quand vos cruels secours sont venus m'arracher
La douceur qu'au tombeau mon ame alloit chercher.

ARICIE.

705   Madame, je devois avoir soin d'une vie
Si chere à vostre Epoux ...

PHEDRE.

               Non, vous m'avez trahie,
Et mes yeux se couvrant d'un eternel sommeil
N'auroient point veu Thesée à leur triste resveil.
A peine en respirant, ma debile paupiere
710   Joüissoit à regret d'une foible lumiere,
Quand Thesée & son Fils ont paru dans ces lieux;
Tremblante j'ay voulu tourner sur luy les yeux,
J'ay rougy, j'ay pâly; languissante, interdite,
J'ay voulu voir Thesée, & n'ay veu qu'Hippolyte,
715   J'ay soúpiré, fremy; mes pleurs en ce moment
A mon crédule Epoux ont caché mon Amant,

Dans mon trouble Thesée a sçeu trouver des charmes,
En secret je l'ay veu s'aplaudir de mes larmes,
Et luy-mesme abusé de mes sens interdits,
720   A reçu des soûpirs envoyez à son Fils.

ARICIE.

Ce Héros méritoit ses soûpirs pour luy-mesme,
Madame, il a pour vous une tendresse extréme,
Et votre cœur remply des vœux qu'il a trahis,
Doit de l'amour au Pere, & de l'estime au Fils.
725   Oüy, Madame, songez que le jaloux Thesée
Brûlant pour vous, vous croit de sa flame embrasée,
Et voyez les périls où vous vous exposez,
Si bientost par malheur vous l'en desabusez;
Quand Thesée est jaloux, il y va de la vie,
730   La Mere d'Hippolyte éprouva sa furie
Pour un leger soupçon, & peut estre son Fils
Serviroit de Victime à ses soûpirs trahis.

PHEDRE.

Thesée aime Hippolyte, & toute la tempeste
En épargnant son sang tomberoit sur ma teste,
735   Et tranquile, j'irois pour un destin si beau
Affronter sans pâlir les horreurs du tombeau.
    Mais enfin, je ne sçay si je me suis flatée,
D'Hippolyte tantost j'ay veu l'ame agitée,
Vous estiez pres de moy; ne vous souvient-il pas
740   Qu'en nous voyant, le Prince a soûpiré tout-bas?
Son desordre a fait voir un feu qu'il vouloit taire,
Il n'a pú le cacher mesme aux yeux de son Pere,
Thesée est penétrant, il a paru surpris
De trouver de l'amour dans les yeux de son Fils,
745   Ce Fils qu'il avoit crú jusqu'alors insensible,
L'embarras de Thesée estoit assez visible,
Et sur la foy d'un air & chagrin, & jaloux,
Je me suis cruë helas! digne de son couroux.

ARICIE.

Ah! cherissez plutôt un Héros qui vous aime,
750   Vous perdrez Hippolyte, & vous perdrez vous-mesme,
Pour luy tous vos soûpirs seront empoisonnez,

Et songez en l'aimant que vous l'assassinez ...
Que deviendrois-je helas! si cet Amant si tendre
Perissoit ... Oüy, Madame, & vous devez m'entendre,
755 J'y prens sans y penser mesme interest que vous,
Songez encore un coup que Thesée est jaloux,
Respectez un Hymen qui vous tient enchaînée,
Respectez un grand Roy qui vous a couronnée,
Thesée a vos sermens, Thesée a vostre foy,
760 Helas! de si beaux nœuds ...

PHEDRE.

Dieux! qu'est-ce que je voy?
L'interest d'Hippolyte & celuy de Thesée
Frapent sensiblement vostre ame embarrassée,
Et vous feriez juger à vos sens interdits
Que le Pere vous touche icy moins que le Fils.

ARICIE.

765 Moy, Madame?

PHEDRE.

Oüy, vous? Justes Dieux! ah! je tremble,
Il soúpiroit, Madame, & nous estions ensemble;
Est-ce vous, qui tantost l'avez fait demeurer?
Est-ce vous? est-ce moy qui l'ay fait soúpirer?
Parlez, qui de nous deux? ...

ARICIE.

Ah! sans-doute, Madame,
770 S'il soúpire, vos yeux ont fait naistre sa flame.

PHEDRE.

Souhaitez-le du moins, voyez avecque horreur
Et toute ma tendresse, & toute ma fureur.
Le retour de Thesée & m'étonne & m'accable,
Je suis dans un état afreux, épouvantable,
775 Je vous aime, Aricie, & ma tendre amitié,
Ma rage, ou mon amour, vous doit faire pitié.
Des Hommes & des Dieux j'éprouve la colere,
Vous, Thesée, Hippolyte, & tout me desespere,

780 Du moins que l'amitié dans ce funeste jour
Ne coûte point encor un crime à mon amour.
Vos discours m'ont fait voir une flame fatale,
Cachez, cachez à Phedre une heureuse Rivale,
Epargnez-moy le crime où je vais succomber,
Et détournez les coups qui sont prests à tomber.

ARICIE.

785 Ah! Madame, croyez ...

PHEDRE.

Je crois tout, Aricie,
Vous sçavez mon secret, c'est fait de vostre vie,
Si vous osez jamais ... Le Roy vient, laissez-nous,
Et de Phedre jalouse évitez le couroux.

SCENE II.

THESÉE, PHEDRE, Gardes.

THESÉE.

Enfin, les Dieux, Madame, avec plus de justice
790 Exigent de nos cœurs un nouveau sacrifice
Ils vous rendent Thesée, & dans cet heureux jour
Me redonnent l'objet d'une si tendre amour;
Je viens avec plaisir remettre dans vos chaînes
Et le cœur de Thesée, & la superbe Athenes,
795 Mais il faut aujourd'huy par des nœuds eternels,
A la face des Dieux, au pied de leurs Autels,
Pour accomplir les Loix d'un si saint Hymenée,
Renouveler la foy que vous m'avez donnée;
Par mon ordre le Peuple en ce mesme moment
800 En prépare la pompe avecque empressement;
Mais je veux qu'Hippolyte ... Ah! Dieux! pourquoy ces larmes,
Madame, & quels soúpirs? ...

PHEDRE.

J'ay de justes allarmes,
Seigneur, je crains pour vous qu'un Pere furieux
Ne me vienne bientost arracher de ces lieux,
805   Et que de nostre Hymen l'appareil si celebre,
Ne serve à mon cercueil d'une pompe funebre.

THESÉE.

Madame, expliquez-vous?

PHEDRE.

Aprenez en deux mots
Le funeste secret du dessein de Minos;
Mon Frere arme, Seigneur, déja sa Flote est preste,
810   Tout ce grand apareil menace vostre teste,
Il vous traite par tout d'injuste Ravisseur,
Ænarus avecque eux vient pour vanger ma Sœur,
Oüy, dans l'Isle de Naxe Ariane trahie
Luy doit donner la main pour prix de vostre vie,
815   Phedre fust cause helas! de cette trahison,
C'est ma fatale main qui détruit ma Maison,
Tout mon sang à la fois, & Pere, & Sœur, & Frere,
Sont armez contre nous d'une juste colere;
Songez, Seigneur, songez à chercher du secours,
820   Différez nostre Hymen encor de quelques jours,
Vous seul, & sans Armée ...

THESÉE.

Est-ce là cette crainte
Et l'indigne douleur dont vostre ame est atteinte?
Mais pour vous rassurer & calmer vos ennuis,
Ouvrez les yeux, Madame, & voyez qui je suis;
825   Oubliez les périls où mon amour me jette,
Je ne crains point Minos, ny les forces de Crete:
Le sang du Minautore à ses yeux répandu,
Un repos éternel à mon Païs rendu,
Cynnis & Cercyon mes premieres victimes,
830   Cette Epée en tout temps qui sçait punir les crimes,
Fumante encor du sang du perfide Pallas,
Répondent de Minos & de tous nos Etats.
Il doit se souvenir que Thesée intrépide

A marché jusqu'icy sur les traces d'Alcide,
835 Et nous avons tous deux sans armer les Humains
Moissonné nos Lauriers avec nos propres mains.
Ænarus & Minos sçavent trop qui nous sommes,
L'on ne nous vit jamais suivis de cent mille Hommes
Attaquer, conquérir, renverser les Etats,
840 Alcide seul l'a fait, & le doit à son bras:
Aidé de sa valeur & de sa renômée,
Son bras seul jusqu'icy luy tint lieu d'une Armée,
Et si dans l'Univers il a tout fait trembler,
Je le suivray, Madame, & luy veux ressembler.

PHEDRE.

845 Un Héros cependant peut tomber comme un autre,
Seigneur, mon interest est icy joint au vostre,
Je crains qu'on ne m'enleve à ce que j'aime ... Helas!
Nous devons assembler nos Peuples, nos Soldats,
Opposer une Armée aux forces de mon Frere,
850 Et différer l'Hymen ...

THESÉE.

Il n'est pas necessaire,
Et les Murs de Trezene, & ses fiers Habitans,
Vous offriroient sans moy de braves Combatans.
Mais les Dieux me font craindre un péril domestique
Contre qui doit s'armer toute ma politique,
855 Je tremble au souvenir d'un Oracle fatal,
Qui menace mon cœur d'un trop heureux Rival,
Mais d'un Rival si cher que je n'ose le dire.

PHEDRE.

Quel Oracle, Seigneur, quel Rival?

THESÉE.

J'en soúpire,
Madame, mais enfin l'Oracle de Délos
860 En passant m'a rendu ces redoutables mots.
Tu seras à ton retour
Malheureux Amant & Pere,
Puis qu'une main qui t'est chere
T'enlevera l'objet de ton amour.

865   Ah! Madame, voila sa réponse funeste.
       Vos yeux comme les miens ont tantost veu le reste.
       Je crains l'Oracle, helas! ce que j'aime le mieux,
       Ce Fils qui m'est si cher, il soúpire à vos yeux,
       Les miens en sont tèmoins.

PHEDRE.

Dieux! seroit-il possible?

THESÉE.

870   Ce Fils indifférent, je l'ay trouvé sensible,
       Et lors que la Princesse estoit aupres de vous,
       Sans-doute elle aura veu son trouble comme nous.
       Les transports, que pour moy vous avez fait paroître,
       L'ont chagriné Madame, il me l'a fait connoître,
875   Par un dédain secret expliquant ses desirs,
       Ses soúpirs insolens ont suivy vos soúpirs,
       J'ay leu dans ses regards sa temeraire flame,
       L'Oracle l'a prédit, sera-t-il vray, Madame,
       Qu'une main qui m'est chere, à mon fatal retour,
880   Osera m'enlever l'objet de mon amour?

PHEDRE.

       Hippolyte, Seigneur, sçaura tromper l'Oracle,
       Thesée est à ses feux un invincible obstacle,
       Il connoît les liens qui m'attachent à vous,
       Il doit trembler au nom & de Pere & d'Epoux;
885   Helas! s'il avoit veu dans le fonds de mon ame
       L'ardeur qui me devore, & l'excés de ma flame,
       Il'eut rougy, l'Ingrat ...

THESÉE.

Madame, c'est assez,

       Par ce Perfide seul mes feux sont offensez,
       Je connois vostre amour, & dans cette disgrace
890   Ce n'est que par mon Fils que le Ciel me menace;
       Mais je veux par l'Arrest que je vais prononcer,
       Faire mentir ces Dieux qui m'osent menacer,
       Et pour mieux étoufer ma juste jalousie,
       Je veux ...

PHEDRE.

Quoy donc? Seigneur.

THESÉE.

Qu'il épouse Aricie.

PHEDRE.

895   Aricie!

THESÉE.

Oüy, Madame, il faut dés aujourd'huy
Parler à la Princesse, & l'unir avec luy,
J'ay des raisons d'Etat qui veulent qu'Aricie
Par l'ordre de son Pere à mon Fils soit unie,
Par un Traité secret nous en sommes d'accord,
900   Il faut par cet Hymen disposer de son sort,
Et sans plus différer, qu'une mesme journée
M'unissant avec vous, voye un double Hymenée.
Que l'on cherche Hippolyte?

PHEDRE.

Ah! Seigneur, arrestez,
Laissez-moy luy parler, je sçay vos volontez,
905   Chargez Phedre du soin d'en instruire Hippolyte,
Je crains que contre un Fils un Pere ne s'irrite,
Je veux parler pour vous, & luy faire sçavoir
Vos ordres souverains, & quel est son devoir,
Vos discours seroient pleins d'aigreur & de colere,
910   Peut-estre oubliriez vous que vous estes son Pere.

THESÉE.

Oüy, je luy parlerois avec trop de hauteur,
Vous tournerez son ame avec plus de douceur,
Vous tirez mon esprit d'un embarras extréme,
Madame, je le sçay, vous m'aimez, je vous aime,
915   Faites-luy voir son crime à soûpirer pour vous,
Montrez-luy dans Thesée un Pere, & vostre Epoux,
Pour éteindre ses feux découvrez-luy vostre ame,
Dépeignez-luy pour moy l'excés de vostre flame,
Repetez-luy cent fois, pour le desesperer,

920 Qu'en vain, pour Phedre en vain il ose soûpirer;
Sur tout, tournez ses vœux du costé d'Aricie,
Faites qu'à cet Ingrat elle se voye unie,
Vantez-en le merite, & sur tout la beauté,
Que vos mains, de ses fers chargent sa liberté?
925 (Je sçay que vous aimez cette illustre Princesse)
Ah! Madame, tâchez d'y tourner sa tendresse,
Je vais vous envoyer Hippolyte, & du moins
Qu'il tremble ... Mais enfin j'atens tout de vos soins.

SCENE III.

PHEDRE.

Que de trouble & d'horreurs dont mon ame est saisie!
930 Tu veux, cruel, tu veux que j'unisse Aricie
A ton Fils, & tu crois te servir de ma main
Pour ma Rivale ... oüy, pour luy percer le sein.
Mais Ciel! en cet instant qu'estois-je devenuë,
Si je n'eusse surpris cet ordre qui me tuë?
935 Thesée alloit parler, son Fils alloit venir,
Helas! qu'aurois-je fait le voyant obeïr?
De son sort & du mien je suis encor maîtresse,
Il faut sonder son cœur, surprendre sa tendresse,
Je dois feindre, je dois, mais helas! quel effroy!
940 Si j'y trouve des feux pour un autre que moy.
Verray-je sans horreur cette flame fatale
Qui me perdra ... Mais non, je perdray ma Rivale.
Cependant si les Dieux parlent en ma faveur,
S'ils prédisent des maux qui feroient mon bonheur,
945 L'embarras de Thesée, & l'amour qui l'agite,
Tous ses soupçons jaloux tombans sur Hippolyte
S'accordent à l'Oracle, & me font pressentir ...
Mais le cœur d'un Ingrat les peut tous démentir.
Je ne le sçay que trop, dans ce fatal mistere
950 Les Dieux parlent en vain, si l'Amour sçait se taire,
Je vais voir Hippolyte, & chercher dans ses yeux
Mon Arrest, mon Destin, mon Oracle, & mes Dieux;
Il vient, dissimulons.

SCENE IV.

PHEDRE, HIPPOLYTE.

PHEDRE.

C'est par l'ordre d'un Pere
Que j'exige de vous un aveu necessaire;
955 Et puis que vous pouvez le faire en liberté,
Je vous demande au moins de la sincérité.
Pour moy, vous le sçavez, son auguste Hymenée
Fera voir ma fortune à la sienne enchaînée,
Thesée a mes sermens, & je l'épouse enfin,
960 Je cede à mon étoile, & subis mon destin;
Mais, Seigneur, nous voulons aprendre l'un & l'autre,
Quand nous donons nos cœurs, si vous gardez le votre,
Et si l'Hymen pour vous avoit quelques apas,
Seigneur, la jeune Helene ...

HIPPOLYTE.

Ah! ne m'en parlez pas,
965 Madame, je hais trop le joug de l'Hymenée,
Je ne soufriray point que mon ame enchaînée
Par d'éternels liens gémisse sous le poids
D'un Hymen, qui nous rend l'Esclave de ses Loix;
Nostre ame au mesme objet pour jamais attachée
970 Que par la seule mort n'en peut estre arrachée,
Et cette jeune Helene avec tous ses appas,
Si j'en crois à mon cœur, ne le touchera pas.

PHEDRE.

Vous estes donc, Seigneur, toûjours fier, infléxible,
A l'Amour, à l'Hymen, vostre cœur insensible
975 En dédaigne le joug, chérit sa liberté,
Et puis qu'un si grand cœur refuse avec fierté
La plus grande Beauté de l'Europe & l'Asie,
Je n'ose vous parler d'Æglé, ny d'Aricie.

HIPPOLYTE.

Madame, Helene est belle, & peut se faire aimer,
980 Mais les yeux d'Aricie auroient de quoy charmer ...

PHEDRE.

Aux charmes d'Aricie il n'est rien d'impossible,
Mais par bonheur, Seigneur, vous estes insensible,
Vous avez de bons yeux pour en voir tout le prix,
Mais enfin vostre cœur n'en fust jamais épris,
985   Oüy, je vous aplaudis de vostre indifférence,
Elle va me permettre une illustre Alliance
Qui doit unir la Crete au Royaume d'Argos,
Et qui fera dans peu ma paix avec Minos.

HIPPOLYTE.

Quoy, Madame?

PHEDRE.

Seigneur, je prétens, & j'espere
990   Unir dans peu de jours Aricie à mon Frere.

HIPPOLYTE.

Vous, Madame?

PHEDRE.

Oüy, moy? Quel interest, Seigneur,
Prenez-vous à l'Hymen ...

HIPPOLYTE.

L'interest de mon cœur;
Madame, & vous verrez peut-estre vostre Frere
Me payer de son sang ce dessein temeraire,
995   Je périray plutost avant ce coup fatal ...

PHEDRE.

Que dites-vous? ah Dieux!

HIPPOLYTE.

Que je suis son Rival,
Que j'en fis un secret, que j'adore Aricie,
Et qu'à me l'arracher il y va de la vie,
Je n'en fais plus mistere, & je sçauray si bien ...

PHEDRE.

1000 Je connois ton secret, Ingrat, aprens le mien,
Ton heureuse imprudence, & ton ardeur fatale,
M'ont enfin malgré toy découvert ma Rivale,
Tremble, je la connois, Phedre dans son malheur
Luy fera voir dans peu sa Rivale en fureur,
1005 Car dans mon desespoir & ma douleur extréme
Je rougirois, Ingrat, de dire que je t'aime.

HIPPOLYTE.

Moy, Madame?

PHEDRE.

Oüy, toy, ç'en est fait pour jamais,
Je t'aimois, il est vray, Barbare, & je te hais ...
Je t'aimois cependant, & tu l'as dû connoître,
1010 Mille fois dans mes yeux ma flame a dû paroître,
Infidelle à Thesée, & toute entiere à toy,
Tu luy volois mon cœur, mes sermens, & ma foy,
Oüy, Cruel, & c'est là ce qui me desespere,
Rends-moy mon cœur, Ingrat, pour le rendre à ton Pere,
1015 Pour toy seul j'immolé ma gloire & mon repos,
Ton amour me força d'oublier ce Héros,
Je sentis que mon ame alloit estre enchaînée,
Par un fatal panchant je me vis entraînée,
J'en ay gémy longtemps, j'ay longtemps combatu,
1020 Et suis réduite enfin à pleurer ma vertu.

HIPPOLYTE.

Non, ce n'est point à moy que ce discours s'adresse,
Madame, & vous voulez surprendre ma tendresse,
C'est sans-doute à Thesée, & ce n'est pas à moy
Que vous avez donné vostre cœur, vostre foy;
1025 Songez, songez, Madame, à la grandeur du crime
Qui nous perdroit tous deux ...

PHEDRE.

J'en seray la victime;
Mais puis que malgré moy tu luy voles son bien,
C'est ton crime, Barbare, & ce n'est pas le mien.

Ah! c'en est fait, Cruel, toûjours fier & farouche,
1030 Aucun soûpir pour moy n'échape de ta bouche,
Tu vois sans t'émouvoir mes pressantes douleurs,
Avec tranquilité tu joüis de mes pleurs,
Je connois que ton cœur brûle pourAricie,
Tu la veux épouser, mais tremble pour sa vie,
1035 Je perdray ton Amante, & moy-mesme en mourant,
Helas! j'iray percer son cœur en soûpirant,
Et ma Rivale heureuse au milieu des allarmes
Voyant couler sur elle & mon sang & mes larmes,
Peut-estre en ce moment, malgré tout son effroy,
1040 En mourant de ma main, aura pitié de moy.

HIPPOLYTE.

Ah! songez que ma vie est unie à la sienne,
Que pour la perdre il faut commencer par la mienne,
Que je ne connois plus ny respect, ny devoir,
Madame, & que je puis ...

PHEDRE.

Tu vois mon desespoir,
1045 Je puis tout perdre helas! dans ma fureur extréme,
Aricie, & Thesée, Hippolyte, & moy-mesme,
Mon Frere n'est pas loin, son Armée à tes yeux
Poura me secourir & desoler ces lieux,
Ma rage & son amour pouront tout entreprendre,
1050 Je mettray ce Palais & ma Rivale en cendre,
Et si tu m'y contrains par l'éclat de tes feux,
C'est ton crime, Barbare, ou le crime des Dieux,
Il n'est rien de si saint que je ne sacrifie ...
Apres cela, tu peux épouser Aricie.

SCENE V.

HIPPOLYTE.

1055 Ciel! voila les malheurs que tu m'avois prédits,
Ah! Pere infortuné, mais plus malheureux Fils,

Que vas-tu devenir? & que pouras-tu faire?
Iras-tu découvrir ce funeste mistere,
Et portant à Thesée un poignard dans le sein,
1060 De ta Princesse encor seras-tu l'assassin?
    Je plains Phedre, elle m'aime, & je crains sa furie,
Mon amour imprudent assassine Aricie,
Phedre l'a découvert, elle peut s'en vanger;
Que de périls à craindre! Il faut la ménager,
1065 Dissimulons encor. Dans son desordre extréme
Sans-doute que son cœur se trahira luy-mesme.
Quels malheurs je prévois! Allons hors de ces lieux
Consulter mon amour, Aricie, & les Dieux.

Fin du Troisiéme Acte.

ACTE IV.

SCENE PREMIERE.

THESEE, ARCAS, Gardes.

THESÉE.

Non, je sçauray punir une telle insolence,
1070   Que l'on me laisse seul songer à ma vengeance,
Qu'on se retire, Arcas, je le veux...

ARCAS.

                        Mais, Seigneur,
De grace, aprenez-moy quel crime?...

THESÉE.

                         Ma fureur
Va bientost éclater contre ce qui l'irrite;
Pouvois-je croire helas! que Phedre... qu'Hippolyte...
1075   Ah! j'en frémis, Arcas.

ARCAS.

                 Dieux! vous les menacez,
Seigneur, ces noms si chers que vous me prononcez;
Est-ce la Reyne enfin qui vous trahit?...

THESÉE.

                    La Reyne?
Ah! laisse-moy cacher mon amour & ma haine,
Laisse-moy mon secret, je te connois, Arcas,
1080   Le bras déja levé, tu retiendrois ce bras;
Mais je veux qu'aujourd'huy tombant sur ma victime,
Il découvre à tes yeux le Coupable, & le crime.

ARCAS.

Considerez, Seigneur, qu'il ne sera plus temps,
Quand vous aurez puny ce crime...

THESÉE.

Je t'entens,
1085 Mais je veux prendre seul le soin de ma vangeance,
Je sçauray mesurer la peine à cette offense,
Seûr de son amitié, pouvois-je avec raison
Prévoir une si lâche & noire trahison?
Devois-je redouter cette flame ennemie,
1090 Et que ma gloire un jour tremblast d'une infamie?
Je ne m'attendois pas à mon triste retour
De trouver dans son cœur ce criminel amour.

ARCAS à part.

C'est la Reyne sans-doute. Ah! Seigneur, si la Reyne
Par un coupable amour allume vostre haine,
1095 Hippolyte...

THESÉE.

Aprens donc que par un coup fatal
Hippolyte aime Phedre, & qu'il est mon Rival.

ARCAS.

Quels témoins avez-vous de son crime?

THESÉE.

Mes yeux,
Ses soûpirs, Phedre enfin, & luy-mesme, & les Dieux.
Je ne te diray point qu'un Oracle funeste
1100 M'a prédit ce malheur, mais écoute le reste,
Tu verras mieux que moy dans ce Fils odieux
Le fidelle instrument des menaces des Dieux.
Oüy, j'en doutois encor, j'avois quelque espérance,
Je dormois sur la foy de son indifférence,
1105 Son cœur fier & farouche (eh! qui l'eût pû penser)

Entre les Dieux & luy me faisoit balancer;
Helas! il m'a tiré de cette incertitude,
Pour Phedre j'ay trop veu sa tendre inquiétude,
Et ses soûpirs plus seûrs qu'un Oracle fatal,
1110 M'ont fait en frémissant connoître mon Rival.

ARCAS.

Mais s'il aime, Seigneur, les yeux de la Princesse
Ont pû toucher son cœur, meriter sa tendresse,
Peut-estre qu'Aricie...

THESÉE.

Il la refuse, Arcas.

ARCAS.

Il la refuse? ah! Dieux.

THESÉE.

Ne t'en étonnes pas,
1115 Puis qu'il aime la Reyne, il n'est que trop possible
Qu'à l'hymen d'Aricie il paroisse insensible.
La Reyne mesme helas! m'avoit presté sa voix
Pour marquer à l'Ingrat mes ordres & mon choix,
Pour ce Perfide encor je sondois ma clemence,
1120 J'attendois sa réponse avecque impatience;
Quand je l'ay veu sortir d'avec Phedre. A mes yeux,
Il a paru surpris, ce Fils audacieux,
Il vouloit m'éviter, j'ay percé le mistere,
Ses yeux estoient brillans d'amour & de colere,
1125 Son visage irrité, tout émeu, plein de feu,
D'un refus insolent me prédisoit l'aveu;
Alors en l'arrestant j'ay voulu me contraindre,
Pour le faire expliquer, mon couroux a sçeu feindre,
J'ay parlé d'Aricie, & d'Hymen à la fois,
1130 Il a rougy, l'Ingrat, & tremblé de ce choix;
J'ay beaucoup de respect, Seigneur, pour la Princesse
(M'a-t-il dit) mais l'Hymen n'a pour nous rien qui presse
Je suis jeune, elle est jeune, & l'on peut différer

Cet Hymen… A ces mots je l'ay veu soûpirer,
1135 Son desordre m'a dit tout ce qu'il vouloit taire,
J'ay contraint cependant ma trop juste colere,
Et sans plus écouter ses mauvaises raisons,
Il m'a trop éclaircy mes funestes soupçons.

ARCAS.

Dieux! que croire?

THESÉE.

Aussitôt j'ay passé chez la Reyne,
1140 Ses yeux étincelans de colere & de haine,
Où des larmes encor couloient abondamment,
M'ont sçeu tracer sa honte & son ressentiment.
Helas! qu'en cet état une Amante a de charmes!
Ma veuë & mon abord ont redoublé ses larmes,
1145 Et pour mieux expliquer ses mortels déplaisirs,
Elle a laissé parler ses yeux & ses soûpirs.
Phedre ne fust jamais si touchante & si tendre,
Loin d'accuser l'Ingrat, elle veut le défendre,
Mais plus elle s'efforce à le justifier,
1150 Plus je vois son audace, & ne puis l'oublier;
Pour un Perfide encor sa bonté s'intéresse,
Pour pallier son crime, elle parle, elle presse,
Mais ses soûpirs, ses pleurs, & tous ses tristes soins,
Du crime qu'elle taist sont autant de témoins.
1155 Je prévois donc, Arcas, qu'il faudra me défaire
D'un Rival insolent, & d'un Fils teméraire,
Je ne réponds de rien, s'il paroît à mes yeux,
Et je veux pour jamais le bannir de ces lieux.

ARCAS.

La Reyne vient, Seigneur.

THESÉE.

Dans ma fureur extréme
1160 Pour m'apaiser encor elle vient elle-mesme,
Mais elle espere en vain…

SCENE II.

PHEDRE, THESÉE, ARCAS.

PHEDRE.

Seigneur, au nom des Dieux,
Ecoutez un peu moins un transport furieux,
La douleur & l'amour dont mon ame est atteinte
Pour vostre sang me donne une mortelle crainte,
1165 Et dans le triste état où je vous ay laissé,
Je crains trop les éclats d'un amour offensé;
Mais, Seigneur, la Nature en faveur d'Hippolyte
Doit parler pour un Fils.

THESÉE.

A ce nom qui m'irrite,
Plus odieux pour moy que Procruste ou Cynnis,
1170 Je ne reconnois plus qu'un Monstre dans mon Fils.
Helas! qui l'auroit crû qu'un Chasseur solitaire,
Dont le front paroissoit triste, farouche, austere,
Ennemy des plaisirs, & qui n'eût autrefois
Rien d'humain, que les yeux, la démarche, & la voix,
1175 Commençât a brûler par de honteuses flames,
Et courút choisir Phedre entre toutes les Femmes
Pour s'instruire à ses yeux comme il faut soúpirer,
Et prist un cœur humain pour me des-honorer?
Mais enfin, depuis quand ce Chasseur si sauvage
1180 A-t-il changé d'humeur, d'esprit, & de langage,
Sans respect du Bandeau qu'il voit sur vostre front?
Depuis quel temps, l'Ingrat, vous fait-il cet affront?

PHEDRE.

Ce n'est que d'aujourd'huy que sa perfide flame
D'un aveu qui m'outrage assassine mon ame,
1185 Et jamais à ma honte un aveu si cruel
Ne pouvoit me fraper par un coup plus mortel.
J'avois crû comme vous Hippolyte inflexible,

Et cependant, Seigneur, il n'est que trop sensible,
Il m'a sceu détromper, & dans ce triste jour
1190 L'audace de son cœur a trahy son amour.
Oüy, Seigneur, quand je songe à ce feu téméraire,
Ah! je rougis encor de honte & de colere,
J'en soûpire de rage, & mon cœur offensé
Tremble pour l'avenir, & frémit du passé.

THESÉE.

1195 Madame, c'est à moy que s'adresse l'offense,
C'est à moy seul aussi d'en prendre la vangeance!
Je suis charmé de voir qu'un si juste couroux
Contre ce Fils ingrat va m'unir avec vous,
Mais ne redoutez plus sa flame téméraire,
1200 Pour vous en garantir je sçay ce qu'il faut faire,
Rassurez-vous. Je suis tout prest à le punir,
Oubliez le passé sans craindre l'avenir;
Je vous épargneray cette fatale veuë,
Qui blesse nostre amour, vous chagrine, vous tue,
1205 Le conseil en est pris, Madame, & desormais
Hippolyte à vos yeux ne paroistra jamais.

PHEDRE.

Ah! Seigneur, qu'avez-vous résolu?

THESÉE.

Non, Madame,
Le Perfide aujourd'huy d'une insolente flame
Ne méprisera plus & les Dieux, & les Loix,
1210 Puis qu'il vous a parlé pour la derniere fois.

PHEDRE.

Pour la derniere fois! quelle funeste envie!
Quoy? Seigneur, voulez-vous attenter à sa vie?
Songez-vous sans pâlir, qu'en luy perçant le flanc
Ce seroit vous vanger sur vostre propre sang?
1215 C'est vostre Fils, Seigneur, c'est ce cher Hippolyte,
De qui toute la Grece adore le merite,

Dont le front vous fait voir vostre image & vos traits,
Et de qui la valeur vous doit suivre de pres.
 Oubliez comme moy son amour & son crime,
1220 Ne vous immolez pas cette chere Victime,
A nostre amour, Seigneur, vous devez la donner,
Et si vous aimez Phedre, il faut luy pardonner.

THESÉE.

Non, ne m'en parlez plus, & sans vous mettre en peine
D'un Rival insolent qui merite ma haine,
1225 Tant de bontez, de soins, pour luy sont superflus,
Son Arrest est donné, vous ne le verrez plus.

SCENE III.

PHEDRE.

Je ne le verray plus! malheureuse Princesse!
Peux-tu voir en ce jour ta barbare tendresse
Te rendre la Nature & les Dieux ennemis,
1230 Et par la main du Pere assassiner le Fils?
Le cruel cependant me va perdre luy-mesme,
Il adore Aricie, il me hait, & je l'aime,
Je respecte son cœur quand il perce le mien,
Et tremblante, je veux qu'on épargne le sien.
1235 Sur le bord de la Tombe où son amour m'entraîne,
Puis-je encore à l'Ingrat refuser de la haine?
Il m'ofense, il m'outrage, ah! c'est trop balancer,
N'ayons plus de pitié pour qui m'ose offenser,
Meurs, Barbare... Mais quoy? je soûpire, je tremble,
1240 Dieux! a-t-on tant de haine & tant d'amour ensemble?
Gloire, honte, dépit, douleur, rage, pitié,
Raison, haine, fureur, jalousie, amitié,
Tous déchirent mon ame en ce desordre extréme,
J'aime ce que je hais, & je hais ce que j'aime,
1245 Tous ces cruels Tyrans m'entraînent tour à tour,

Mais la haine est toûjours plus foible que l'amour.
Je me suis assurée en secret d'Aricie,
Un Ordre de ma part luy peut oster la vie,
J'ay remis ma Rivale en de fidelles mains,
1250 Mais Dieux! pour un Ingrat je pâlis & je crains.
Oüy, consulte ton cœur, Princesse infortunée,
Verras-tu sans frémir trancher sa destinée?
Verras-tu sans horreur un Pere furieux
Dans le sang de son Fils se baigner à tes yeux?
1255 Et c'est toy cependant qui d'une main timide
Pousse le bras d'un Pere à faire un parricide,
Quand ton coupable cœur dans le feu qu'il ressent
Sçait qu'Hippolyte helas! en est trop innocent.
Innocent! & c'est là ce qui fait tout son crime,
1260 C'est par là que de Phedre il sera la Victime;
La Victime! Ah grands Dieux! quels funestes desirs!
Quelle Victime helas! qui coûte des soûpirs.
Sors, malheureuse, sors, pour finir tant d'allarmes,
Va, ne perds plus de temps à répandre des larmes,
1265 Cours aux pieds de Thesée, & le tirant d'erreur,
Découvre-luy ton crime, & te perces le cœur?
Dérobe ta Rivale à l'horreur qui l'agite,
Et puis que tu ne peux vivre pour Hippolyte,
Rends-toy toute à la gloire, & mourant aujourd'huy,
1270 Fais-luy voir Phedre au moins toute digne de luy.
Dieux! il vient.

SCENE IV.

HIPPOLYTE, PHEDRE.

HIPPOLYTE.

Il me faut éclaircir d'un mistere,
Si j'ay tû par respect ce qu'il a fallu taire,
Madame, & si pour vous je me suis arraché

Aux plus étroits liens qui m'avoient attaché,
1275 Si j'ay sçeu différer le bonheur de ma vie,
Aprenez-moy de grace ou peut estre Aricie,
Je la cherche par tout, & ne la trouve pas,
Madame, tirez-moy d'un cruel embaras,
Vous sçavez l'interest de l'amour qui me presse,
1280 Il faut sans balancer me rendre ma Princesse,
Parlez, expliquez-vous? ... Dieux! qu'est-ce que je voy?
Que dois-je croire? helas! c'est attenter sur moy,
C'est sur mon propre sang, sur mon cœur, sur ma vie,
Dites, répondez-moy, qu'a-t-on fait d'Aricie?

PHEDRE.

1285 Vous devez me parler avec moins de fierté,
Prince, pour vostre gloire, & pour sa seûreté;
A qui parle si haut, je ne sçay point répondre,
Quand on a de l'orgueil, j'ay l'art de le confondre,
Vous cherchez Aricie, & vous craignez sa mort,
1290 Tremblez devant qui peut décider de son sort.

HIPPOLYTE.

Je vous entens, Madame, & voy ce qu'il faut craindre;
Mais je puis la vanger, & c'est trop me contraindre,
Craignez à vostre tour un Amant furieux
Qui pouroit tout...

PHEDRE.

J'ay sçeu l'arrester en ces lieux,
1295 Elle est en mon pouvoir, & pour vanger ma flame
Je n'ay qu'à dire un mot, elle est morte.

HIPPOLYTE,

Ah Madame!
Quelle étrange fureur vous anime...

PHEDRE.

Ecoutez,
C'est assez, & c'est trop fatiguer mes bontez.

Aprens, cruel, aprens qu'en perdant l'espérance
1300 Du moins pour assurer mon secret, ma vangeance,
J'ay remis ton Amante en de fidelles mains,
Helas! je balançois mes funestes desseins,
Peut-estre j'allois faire un noble sacrifice
A ma Rivale, à toy j'allois rendre justice,
1305 A Thesée, aux Dieux mesme, & mourant sans éfroy
J'aurois versé du sang & des larmes pour toy?
Contre elle cependant tu m'as déterminée,
Je mouray, mais viens voir trancher sa destinée,
Mes yeux se repaîtront de son sang odieux,
1310 Je vais faire expirer ma Rivale à tes yeux,
Et me voyant moy-mesme interdite, éperduë,
Barbare, elle verra que ton amour la tuë;
Apres, donne un cours libre à ta juste fureur,
Vange ton Aricie, & me perces le cœur,
1315 Et la mort de ta main remplissant mon envie
Me sera mille fois plus douce que la vie;
Viens avec moy, Cruel?

HIPPOLYTE.

Madame, demeurez,
Tournez plutost sur moy des coups plus assurez,
Et sans aller plus loin chercher une vangeance,
1320 En punissant le crime, épargnez l'innocence,
Je voudrois sans blesser & Thesée & les Dieux,
Pouvoir vous faire icy l'hômage de mes vœux,
Rendre à vostre merite un tribut légitime;
Mais quand je le pourois, le ferois-je sans crime?
1325 Et l'Amour en Tyran qui dispose de nous,
Me donne à la Princesse, & m'éloigne de vous.
  Malgré nous à son gré le Destin nous entraîne,
Il verse dans nos cœurs ou l'amour, ou la haine,
On n'en est point le maître, & chacun en naissant
1330 Reçoit une influence, & court à son panchant,
Je repete à regret que j'adore Aricie,
Mais pour vous en vanger je vous offre ma vie,
Epargnez la Princesse, & par un coup mortel
Vangez sur tout mon sang cet aveu criminel.

1335 Que tardez-vous, Madame, à punir un Coupable,
   Pour Hippolyte ingrat soyez moins pitoyable,
   A vos justes rigueurs il vient s'abandonner,
   Déchirez donc ce cœur qu'il ne peut vous donner...
   Madame, vous pleurez sans me vouloir entendre!
1340 C'est du sang, & non pas des pleurs qu'il faut répandre.

PHEDRE.

   Quel sang puis-je verser, Ingrat, est-ce le tien?
   Et tu sçais que pour toy je répandrois le mien,
   Et quand tu m'attendris, & que tu me desarmes,
   Pres de toy, je ne puis répandre que des larmes.
1345 Je sçay qu'en cet instant, dans l'état où je suis,
   Tu fais ce que tu dois, je fais ce que je puis,
   Je connois ton devoir & le mien, pour m'y rendre,
   Je tâche en vain... pourquoy rends-tu mon cœur si tendre?
   Je connois tout mon crime, & ne puis l'éviter,
1350 Montre-moy des vertus que je puisse imiter,
   Et puis que mon amour s'acroît par mon estime,
   Ta vertu ne me sert qu'à faire un nouveau crime.
    Impitoyables Dieux! tranchez mes tristes jours,
   O Mort! des malheureux l'azile & le recours,
1355 Finissez de ces Dieux la haine & l'injustice,
   Chaque instant de ma vie est un trop long suplice,
   Qu'ay-je dit? qu'ay-je fait? quel crime ay-je commis
   Pour oublier Thesée, & brûler pour son Fils?

HIPPOLYTE.

   Souffrez que son amour & vous parle, & vous touche,
1360 Ecoutez-le, Madame, il emprunte ma bouche,
       Il se met à genoux.
   Pour le Pere, voyez le Fils à vos genoux,
   Il joint le nom d'Amant avec celuy d'Epoux,
   Recevez un amour...

SCENE V.

THESÉE, IDAS, PHEDRE,

HIPPOLYTE, Gardes.

THESÉE *en entrant s'arreste, & veut*
mettre l'Epée à la main.

Dieux! que vois-je? Ah! Perfide,
Tu périras.

PHEDRE *en l'arrestant.*

Seigneur, vostre main parricide
1365 Pouroit sur vostre sang...

THESÉE.

Le Traistre à vos genoux
Ne merite que trop l'éclat de mon couroux;
Laissez, laissez, Madame...

PHEDRE.

Eh! que voulez-vous faire?
Songez au nom des Dieux que vous estes son Pere,
Epargnez vostre sang, & répandez le mien,
1370 C'est le crime de Phedre, & ce n'est pas le sien.

THESÉE.

Ah! Monstre, Fils ingrat, tu demeures stupide,
Tu trembles, je le vois, ton crime t'intimide.

HIPPOLYTE.

Mon silence, Seigneur, & ma stupidité,
Ne sont point un effet de ma timidité,
1375 Tout ce que vous voyez a droit de me confondre,
Contre un Pere irrité je n'ay rien à répondre,
Apres cela, Seigneur, vous pouvez m'accabler,
Hippolyte attendra son Arrest sans trembler,
Je vous quite, & dans peu vous pourrez me connoître.

SCENE VI.

THESÉE, PHEDRE, Gardes.

THESÉE.

1380   Quoy donoc? tranquilement je vois partir le Traistre,
Je demeure immobile, une secrete horreur
Et m'arreste le bras, & me glace le cœur?
Ah Ciel! pour détourner une juste vangeance,
La Nature & les Dieux sont-ils d'intelligence?
1385   Ce sont ces mesmes Dieux jaloux de leur Arrest
Qui prétendent tourner mon cœur comme il leur plaist,
Ils empruntent pour eux la voix de la Nature,
Mais j'en veux étoufer jusqu'au moindre murmure,
Et s'ils parlent encor pour un perfide Fils,
1390   La Nature & les Dieux seront mes ennemis?
Ils osent proteger le crime & l'injustice,
Et c'est par là qu'il faut qu'Hippolyte périsse,
C'est trop peu que l'exil; hola, Gardes, à moy?

PHEDRE.

  Ah! Seigneur, arrestez, que de trouble, d'éfroy!
1395   Perdez, perdez plutost la fatale furie
Qui vous fait immoler une si chere vie.
Quoy? je verrois périr ce Prince infortuné,
Et ma perfide main l'auroit assassiné?
Hé! de grace, Seigneur, épargnez-moy ce crime,
1400   D'un remords éternel vous seriez la victime,
Vous ne verriez jamais Phedre qu'avecque horreur,
Je deviendrois l'objet d'une juste fureur,
Celuy de vostre haine & de vostre vangeance,
Par pitié laissez-moy ce reste d'innocence,
1405   Je la demande en pleurs en ce malheureux jour,
Et du moins que je meure avecque vostre amour.

THESÉE.

Ah! Madame, je sçay discerner le Coupable,
Vostre cœur innocent du crime qui m'accable
Marque vostre tendresse avecque assez d'éclat,
1410 Et vous en avez trop encor pour cet Ingrat.
Vous parlez pour mon sang, & mon ame interdite
Refuse de connoître un Fils dans Hippolyte,
Je n'y vois qu'un Rival, qui redouble aujourd'huy
Ma tendresse pour vous, & ma haine pour luy;
1415 Mais de peur que l'Ingrat n'irrite cette haine,
Je m'en vais pour jamais l'exiler de Trezene.
    C'est à vous que j'adresse un vœu si solemnel,
Justes Dieux! punissez un Fils si criminel!
Et toy? Neptune, & toy? dont la Race Divine
1420 De Thesée annoblît le sang & l'origine,
Plongeant ce sang impur dans l'abisme des eaux,
Donnes ce Monstre en proye à des Monstres nouveaux.
    Et vous, Dieux! qui là-haut faites trembler la terre,
Lancez sur ce Perfide un éclat de tonnerre,
1425 Ma gloire est vostre ouvrage, il la veut outrager,
Et c'est bien moins à moy qu'à vous à la vanger.
                                        Il sort.

PHEDRE.

Et toy, Ciel! qui connois l'innocence & le crime,
Sauve Hippolyte, frape, & choisis ta Victime.

Fin du Quatriéme Acte.

ACTE V.

SCENE PREMIERE.

PHEDRE, ARICIE, CLEONE.

PHEDRE.

Princesse, pardonnez à mes emportemens,
1430 Oubliez mes fureurs dans mes embrassemens;
Si je vous ay donné de mortelles allarmes,
Si dans mon desespoir j'ay fait couler vos larmes,
J'ay d'un cruel destin éprouvé le couroux,
Et mon cœur a souffert mille fois plus que vous.
1435 Malgré tous mes transports & ma funeste envie,
Hippolyte aujourd'huy vous redonne la vie,
Apres ce que j'ay veu, ce qu'il a fait pour moy,
C'est là le moindre prix que je doive à sa foy,
Je luy dois en ce jour & la vie, & la gloire,
1440 Et pour en conserver l'éternelle memoire,
Je veux... Adieu, Princesse.

SCENE II.

ARICIE, CLEONE.

ARICIE.

Ah Ciel! qu'entens-je? helas!
Cleone, conçois-tu mon cruel embarras?
Conçois-tu les raisons du retour de la Reyne?
Ses remords impréveus ont étouffé sa haine,

1445 Je suis libre, je vis, & crains pour mon amour
Les funestes raisons de ce fatal retour;
Tu vis avecque horreur sa noire jalousie
Se nourir de l'espoir de m'arracher la vie;
Furieuse tantost m'ayant fait arrester,
1450 Je voyois le trépas sans pouvoir l'éviter,
Et dans son Cabinet en secret enfermée
J'attendois mon destin sans en estre allarmée.

CLEONE.

Quoy? vous ne craigniez pas son funeste transport,
Madame, & sans pâlir vous attendiez la mort?

ARICIE.

1455 Le diray-je, Cleone? à sa fureur en proye
Je sentois dans mon cœur une secrete joye,
Ses menaces, ses pleurs, son éclatant couroux,
Avoient pour mon amour quelque chose de doux,
Dans ses plus vifs transports de douleur & de rage
1460 Je voyois mon bonheur écrit sur son visage,
Je lisois à travers son trouble & son effroy
Les dédains d'Hippolyte, & sa flame pour moy;
Bien que son desespoir me dust rendre allarmée,
Je mourois, il est vray, mais je mourois aimée,
1465 Et pour se consoler dans les plus grands malheurs
On voit avec plaisir une Rivale en pleurs.
Cependant à present sa fureur est éteinte,
Ce calme inopiné me donne de la crainte,
La Reyne vient en pleurs me plaindre, m'embrasser,
1470 Me rendre libre enfin. Ciel! que dois-je penser?
Contre moy sans raison se vit-elle animée?
D'Hippolyte inconstant serois-je moins aimée?
Ou mon cruel Amant plus timide que moy
Pour le prix de mes jours luy donne-t-il sa foy?

CLEONE.

1475 Quoy? lors que vous voyez sa fureur rallentie,
Vous craignez sa clemence, & redoutez la vie,
Madame? Je ne sçay si vos feux sont trahis,

Mais Thesée irrité ne veut plus voir son Fils,
Hippolyte en ce jour est l'objet de sa haine,
1480 On dit mesme en secret qu'il brûle pour la Reyne,
Ce bruit est répandu, l'on en parle tout-bas,
Et l'on croit dans Trezene...

ARICIE.

Ah Dieux! n'acheve pas,
Thesée est irrité, la Reyne est adoucie,
Elle est venuë en pleurs me redonner la vie,
1485 Et la cruelle helas! dans mon funeste sort
M'arrachant mon Amant, me redonne la mort.
Dieux! que fait cet Ingrat lors que Phedre m'acable,
Il viendroit me trouver s'il n'estoit point coupable,
Je le verrois, Cleone, & loin de m'oublier,
1490 Il chercheroit du moins à se justifier,
Mais il ne paroît point, tout est dans le silence,
Et Thesée irrité ne prend pas sa defense;
La Reyne, sans couroux le condamne aujourd'huy,
Et je n'ay que mon cœur qui parle encor pour luy.
1495 Juste Ciel! qui voyez mon amour & ma peine,
De Phedre rendez-moy la colere & la haine!
Dút-elle me coûter tout mon sang en ce jour,
Qu'Hippolyte à ses yeux me rende son amour!

SCENE III.

THESEE, ARICIE, CLEONE, Gardes.

THESÉE.

Ah! venez prendre part en la douleur d'un Pere
1500 Dont un Fils insolent irrite la colere,
Son audace aujourd'huy me trouble, me confond,
Mais, Madame, avec moy vous partagez l'affront;
Le Traistre, comme à moy, vous a fait un outrage,

D'une éternelle Paix vous estiez le seul gage,
1505 Mon Fils au Roy d'Argos pour vous se vit promis,
Et vous fustes par luy destinée à mon Fils;
Envoyée en ma Cour par le Roy vostre Pere,
De nos secrets desseins je vous fis un mistere,
J'attendois qu'Hippolyte en voyant vos beautez
1510 Par son propre panchant suivit nos volontez,
Mais son humeur farouche & son indifférence
Suspendit pour un temps cette illustre Alliance,
Je le vis à regret. A mon fatal retour
J'ay trouvé dans son cœur un détestable amour,
1515 Et loin de s'enflamer d'une ardeur légitime,
Il n'aime le plaisir qu'assaisôné de crime,
Les menaces des Dieux, ses regards, ses soûpirs,
M'avoient fait pressentir ses injustes desirs,
Au Perfide aujourd'huy je vous ay proposée,
1520 Et, Madame, à ma honte il vous a refusée,
Sans respect d'un Hymen qui doit m'estre si cher,
Il soûpire pour Phedre, & veut me l'arracher,
J'en suis trop éclaircy; sans redouter ma haine,
Je l'ay trouvé, l'Ingrat, seul aux pieds de la Reyne.
1525 Une juste fureur m'ordonnoit son trépas,
Mais Phedre & la Nature ont retenu mon bras,
Et de peur que ce Bras pour punir le Perfide,
Sans épargner mon sang, ne fasse un parricide,
J'abandonne ce Fils, & ce Monstre odieux,
1530 Et j'ay remis le soin de ma vangeance aux Dieux.

ARICIE.

Aprenez donc, Seigneur, les malheurs d'Aricie,
Je croyois qu'il m'aimoit, & l'Ingrat m'a trahie,
Luy-mesme, ce matin m'est venu declarer
Que j'allumois le feu qui le fist soûpirer;
1535 Pour me persuader de toute sa tendresse,
Mon cœur n'a consulté que ma propre foiblesse,
Et son amour n'estoit qu'un amour affecté
Que mes foibles attraits n'avoient pas merité;
Pour Phedre il m'osa feindre une immortelle haine,
1540 Et cependant l'Ingrat court aux pieds de la Reyne.

THESÉE.

Quoy donc? il vous voyoit, il vous rendoit des soins,
Il vous aimoit, Madame?

ARICIE.

Il le feignoit du moins,
Oüy, tantost devant vous il me faisoit entendre
Qu'il m'aimoit, mais d'un air si touchant & si tendre,
1545 Que j'en estois charmée, & mon cœur abusé
Par Hippolyte alors n'estoit pas refusé.

THESÉE.

Ah Dieux! c'estoit pour vous qu'il soûpiroit, Madame,
Devant Phedre à mes yeux vous allumiez sa flame,
Pour vous tous ses soûpirs...

ARICIE.

Il m'en flatoit, Seigneur,
1550 Et j'avois pour garans d'une si douce erreur
Son aveu, les transports qu'il m'avoit fait paroître,
Tous ses brúlans soûpirs dont il n'estoit plus maître,
Que devant Phedre mesme il n'a pû retenir,
Et que par mon trépas elle a voulu punir.
1555 Quand on voit sa Rivale à sa perte animée,
Helas! peut-on douter que l'on ne soit aimée?
Sans respect des liens qui l'attachoient à vous,
La flame d'Hippolyte allumoit son couroux,
Vostre absence nourit cette flame fatale,
1560 Elle aimoit Hippolyte, & j'estois sa Rivale,
Elle m'a crüe aimée, & dans ce triste jour
J'ay par mille périls acheté cet amour,
Et j'espérois du moins voyant sa jalousie
Payer un peu d'amour aux despens de ma vie.

THESÉE.

1565 Dieux! qu'entens-je, Madame? interdit, étonné,
Vous me rendez l'effroy que je vous ay donné!
Quel horrible nuage! & quel afreux mistere,

Trop malheureux Amant! mais trop barbare Pere!
Les Dieux m'ont-ils trompé dans ce funeste jour?
1570 Ou mes yeux n'ont-ils pû démesler cet amour?
Mon Fils est mon Rival, ou Phedre est infidelle,
Hippolyte innocent, ou Phedre criminelle,
L'un ou l'autre m'offense, & j'ay pour ennemis
Ou le sang, ou l'amour, ma Maîtresse, ou mon Fils.
1575 Helas! de quel costé que paroisse le crime,
Il n'offre à ma fureur qu'une chere Victime,
Et Pere malheureux, Amant desesperé,
Faut-il de tous costez que je sois déchiré,
Et que pour me vanger d'une injuste tendresse,
1580 Je me doive immoler mon Fils, ou ma Maîtresse?
    Ah! Madame, je n'ose emprunter des clartez,
Je cherche de l'erreur & des obscuritez,
Je crains de rencontrer Hippolyte fidelle,
Et je tremble de voir la Reyne criminelle.
1585 Dieux! quand je reflechis sur ses emportemens,
Sa douleur pour mon Fils, ses tendres mouvemens,
Quand je l'ay menacé pour Phedre, quelle atteinte!
Que de pleurs, de soûpirs, que d'horreur, & de crainte!
Ah! ses injustes feux ont sçeu trop éclater,
1590 Et mesme je n'ay pas la douceur d'en douter.
Cependant Hippolyte est sorty de Trezene,
Je l'ay banny, Madame, & chargé de ma haine,
Mes imprécations dans mon jaloux transport
Pour toute grace aux Dieux ont demandé sa mort,
1595 Et je crains que suivant l'effet de leur menace
Ils n'accordent trop tost cette funeste grace.

ARICIE.

Seigneur, qu'avez-vous fait dans vostre emportement?
Je crains pour vostre Fils, je crains pour mon Amant,
Rapelez au plutost ce seul Fils qui vous reste,
1600 Retractez pres des Dieux un Arrest si funeste;
Que deviendrois-je helas! si pour vous en punir
Ces Dieux trop prompts...

THESÉE.

Je vais le faire revenir,
Qu'on coure apres mon Fils, Gardes qu'on le rameine,
Mais en partant, icy faites venir la Reyne,
1605 Je veux la voir; je veux luy parler devant vous, *à Aricie*
Dans ses feux criminels allumer mon couroux,
Nourir ma jalousie, irriter ma colere,
Perdre le nom d'Amant, prendre celuy de Pere,
Et dans ses traistres yeux, sans espoir de retour,
1610 Boire à longs traits la haine où je puisé l'amour.
Mais j'aperçois Megiste; hé bien, que fait la Reyne,
Viendra-t-elle?

SCENE IV.

MEGISTE, THESÉE, CLEONE,

ARICIE, Gardes.

MEGISTE.

Seigneur, elle est hors de Trezene,
Sur son Char, d'Hippolyte elle a suivy les pas,
L'un & l'autre partis...

ARICIE.

Je suis trahie helas!

THESÉE.

1615 Ciel! qu'entens-je? mon Fils est-il d'intelligence
Avec Phedre? & tous deux me font-ils cette offense?
L'Oracle est accomply, Fils trop audacieux,
Ta fureur sçait tenir la parole des Dieux.
Oüy, j'ay trop differé d'en faire ma victime,

1620 La Nature tâchoit de me cacher son crime,
Les Dieux qui l'ont permis ne l'en puniroient pas,
Et je vais confier ma vangeance à mon bras;
Grace à ces Dieux cruels, grace à leur injustice,
De ce Monstre je vais leur faire un sacrifice,
1625 Rien ne m'arreste plus, je cours sur leur Autel
Répandre avec plaisir un sang si criminel,
Je serviray de Prestre, & de mes mains sanglantes
J'iray leur presenter ses entrailles fumantes,
Ils verront à travers de son cœur enflamé
1630 Les horreurs de ce feu qu'ils avoient allumé.
J'en frémiray sans-doute, & vangeant mon injure.
Il en poura coûter des pleurs à la Nature,
Et s'ils forcent le Pere à m'assurer le Fils,
Peut-estre ils frémiront de se voir obeïs.

SCENE DERNIERE.

IDAS, THESÉE, ARICIE,

CLEONE, MEGISTE.

IDAS.

1635 Ah! Seigneur, aprenez l'avanture funeste
D'Hippolyte.

ARICIE.

Quoy donc?

THESÉE.

Parle, acheve le reste,
Les Dieux ont-ils puny ce teméraire Fils?

IDAS.

Tous vos desirs cruels ont esté trop remplis.
Apres qu'il eût parlé quelque temps à la Reyne,
1640 Cher Idas, m'a-t-il dit, abandonnons Trezene,
Mon Pere me l'ordonne, & mon cœur y consent,
Je serois criminel d'y paroistre innocent,
Phedre malgré ses feux, malgré sa jalousie,
A calmé sa colere, & me rend Aricie,
1645 Mais par reconnoissance Hippolyte en ce jour
Par un heureux exil éteindra cet amour.
Partons, Idas, partons sans revoir ma Princesse,
Je mourrois à ses pieds de douleur, de tendresse,
Sauvons-nous en Argos, & sortons de ce pas,
1650 Car si je la voyois je ne partirois pas.

ARICIE.

Cher Prince!

IDAS.

Sur son Char il monte avecque adresse,
Ses superbes Chevaux dont il sçait la vitesse,
De leurs hannissemens font retentir les airs,
Et partant de la main devancent les éclairs;
1655 Je cours à toute bride, & le suis avec peine,
Il se tourne cent fois vers les Murs de Trezene,
Il s'éloigne à regret d'un rivage si cher,
Et va plus lentement sur le bord de la Mer.
Dans un calme profond la Mer ensevelie,
1660 Ainsi qu'un vaste Etang paroissoit endormie,
Et le Zéphir à peine en ce calme si beau
Frisoit legerement la surface de l'eau,
Quand de son propre sein s'éleve un prompt orage,
L'eau s'enfle à gros bouïllons menaçant le rivage,
1665 L'un sur l'autre entassez, les flots audacieux
Vont braver en grondant la foudre dans les Cieux;
Une Montagne d'eaux s'élançant vers le sable,
Roúle, s'ouvre, & vomit un Monstre épouvantable,
Sa forme est d'un Taureau, ses yeux & ses nazeaux
1670 Répandent un deluge & de flames & d'eaux,

De ses longs beuglemens les Rochers retentissent,
Jusqu'au fonds des Forests les Cavernes gémissent,
Dans la vague écumante il nage en bondissant,
Et le flot irrité le suit en mugissant.

ARICIE.

1675   Helas!

IDAS.

A cet aspect, les Chevaux d'Hippolyte
Tous remplis de frayeur veulent prendre la fuite,
De la voix, de la main il veut les arrester,
Pour un combat affreux que son bras va tenter.
Essayons (a-t-il dit) si le sang de Thesée
1680   Sur les Taureaux emporte une victoire aisée,
Le Minautore en Crete à son bras estoit dû,
Et les Dieux reservoient ce Monstre à ma vertu.
Mais ses Chevaux fougueux que le Monstre intimide,
Ne reconnoissent plus de Maistre ny de Guide,
1685   Ils emportent le Char, prennent le frein aux dents,
La crainte les maîtrise, & les rend plus ardans,
Tous blanchissans d'écume ils s'élancent de rage
A travers les Rochers qui sont pres du rivage;
Hippolyte alors tombe, & d'un trait malheureux
1690   S'embarrasse en tombant d'indissolubles nœuds;
Par les resnes traisné dont le nœud se resserre,
Sa teste qui bondît ensanglante la terre,
Sur les Rochers pointus qui luy percent le flanc
Il trace avecque horreur des vestiges de sang,
1695   Enfin le nœud se rompt, & les Chevaux en fuite
Sur la terre étendu laissent choir Hippolyte.
J'y cours baigné de pleurs, & le trouve expirant;
La Reyne, qui de loin nous suivoit en tremblant,
Toute éperduë arrive en ces tristes allarmes.
1700   Sur le corps d'Hippolyte elle verse des larmes,
Embrasse avec transport ce Prince malheureux,
Tâche à le rapeler par des cris douloureux,
Et luy voyant encor quelque reste de vie,
Luy prononce le nom de sa chere Aricie.

1705   Le Prince ouvre les yeux, & d'un regard mourant
Il cherche la Princesse encore en soûpirant,
Il ne trouve que Phedre, & sa triste paupiere
Se ferme, & pour jamais refuse la lumiere.

ARICIE.

Destin, cruel Destin, tes ordres sont suivis,
1710   Hippolyte est donc mort?

THESÉE.

Ah Madame! ah mon Fils!

ARICIE.

Ah! Seigneur, punissez la cause criminelle
Qui plonge vostre Fils dans la nuit éternelle,
Phedre perd Hippolyte, ose vous outrager,
Seigneur, & nous pleurons au lieu de le vanger.

IDAS.

1715   Au lieu de vous vanger, vous la plaindrez, Madame,
Phedre éteint dans son sang sa déplorable flame.

THESÉE.

Ciel!

IDAS.

A peine Hippolyte avoit fermé les yeux,
Qu'accusant son amour, & le Monstre, & les Dieux,
Par un coup de poignard elle tire sanglante
1720   Sa main, qui de son sang paroît toute fumante,
J'y cours, mais de ce coup son grand cœur s'aplaudit,
Sur le Prince elle voit son sang qui rejalit,
Oüy, dit-elle, je veux que mon sang te ranime,
Cher Prince, ou qu'il te serve aujourd'huy de victime,
1725   Pour expier mon crime, & vanger tes malheurs;
Reçois, cher Hippolyte, & mon ame, & mes pleurs,
Et quand tu me fuirois dans le Royaume sombre,

Que mon Ombre sanglante unie à ta chere Ombre,
Jusqu'au fonds des Enfers te suive pas à pas,
1730 Et te chérisse encore au dela du trépas!
    Elle tombe à ces mots, son ame fugitive
Va rejoindre Hippolyte en l'infernale Rive,
Et malgré les rigueurs de son funeste sort,
Son amour va braver le Destin & la Mort.

ARICIE.

1735 Il faut suivre Hippolyte, il faut suivre la Reyne,
Oüy, comme elle mourons. *Elle sort.*

THESÉE.

Gardes, qu'on la rameine,
Craignons qu'elle ne suive & la Reyne, & mon Fils;
C'en est trop, Dieux cruels! vous estes obeïs.

FIN.

Extrait du Privilege du Roy.

Par Grace & Privilege du Roy, donné à Paris le 4. jour de Mars 1677. Signé, Par le Roy en son Conseil, DESVIEUX; Il est permis au Sieur PRADON de faire imprimer par tel Imprimeur ou Libraire qu'il voudra choisir, une Tragedie de sa composition, intitulée *Phedre & Hippolyte*, en tel Volume qu'il voudra, & icelle faire vendre & debiter par tout nostre Royaume pendant le temps & espace de sept années, à compter du jour qu'elle sera achevée d'imprimer pour la premiere fois: Pendant lequel temps Sa Majesté fait tres-expresses defenses à toutes Personnes de quelque qualité qu'elles soient, d'imprimer, faire imprimer, vendre & distribuer ladite Tragedie, sous quel pretexte que ce soit, sans le consentement dudit Sieur PRADON, ou de ceux qui auront droit de luy, sous peine de trois mille livres d'amende, confiscation des Exemplaires contrefaits, & en tous despens, dommages & interests, & autres peines plus amplement portées par lesdites Lettres de Privilege.

Registré sur le Livre de la Communauté, suivant l'Arrest de la Cour de Parlement.

*Achevé d'imprimer pour la premiere fois
le 13. jour de Mars 1677.*

NOTES SUR LE TEXTE

EPISTRE. En dédiant l'impression de sa tragédie, le 13 mars 1677, à la duchesse de Bouillon (voir l'*Introduction*, pp. XIV–XV, note 23), Pradon combine, en style précieux, l'éloge de la beauté de sa protectrice et de ses talents sportifs et intellectuels (à la chasse, elle éclipserait Hippolyte lui-même; elle lit les auteurs latins dans l'original) avec l'apologie de sa pièce, qu'elle avait soutenue à ses débuts au mois de janvier. Il se félicite d'avoir su accommoder son héros légendaire au goût d'un public moderne et français et d'une cour galante. La Pinelière, dans l'Epître qui en 1635 précédait son *Hippolyte*, s'était fait à peu près le même compliment et s'était vanté, comme le fera Pradon à la fin de sa Préface, d'avoir composé sa pièce en peu de temps. Les principales 'épines' dont Pradon a débarrassé son sujet ancien sont: la notion d'inceste; la chasteté d'Hippolyte, qui aurait pu paraître suspecte aux 'petits maîtres' parisiens; l'explication surnaturelle du voyage de Thésée (voir aussi l'*Introduction*, p. XL).

PREFACE. Pour les débats qui entourèrent la composition, la représentation et la publication de *Phèdre et Hippolyte*, voir l'*Introduction*, pp. XII–XXII.

La Préface elle-même retint l'attention du public. Pradon, dans ses *Nouvelles remarques*, prétend qu'elle servait de réponse à l'Epître VII de Boileau (voir l'*Introduction*, pp. XVI–XVII). Ripostant, au même endroit, à une allusion moqueuse à cette Préface dans l'Epître VI, il affirme qu'"au goût des plus fins [elle] parut assez pleine de sel [et] fit assez de bruit dans le monde'; Donneau de Visé (*Nouveau Mercure galant*, avril 1677) lui donne raison: 'Je connais beaucoup de gens à qui elle plaist; il y en a mesme qui la trouvent brillante jusqu'à éblouir, malgré tout ce qu'opposent certains critiques difficiles à satisfaire'; mais Voltaire la jugea 'insolente' (Préface de *Mariamne*, 1725).

p. 4   *Voici une troisième pièce*: la première avait été *Pirame et Thisbé* (1674), la seconde, *Tamerlan* (1676).

p. 4   *La Cabale en pâlit*: parodie en style héroï-comique des vers 115–6 de l'Epître V de Boileau (voir l'*Introduction*, p. XVII).

p. 4   *Sénèque ... Garnier ... Gilbert*: voir l'*Introduction*, pp. XI, XXXVIII. Racine, dans la Préface de *Phèdre*, ne reconnaît que ses sources anciennes.

74

p. 4   *mon épisode d'Aricie*: voir l'*Introduction*, p. XXXIX.

p. 4   *Et nul n'aura d'esprit*: Nul n'aura de l'esprit, hors nous et nos amis
           (*Les Femmes savantes*, v. 924).

p. 4   *ce Sublime*: voir l'*Introduction*, pp. XIII, XIV.

p. 4   *Ces anciens Grecs ... Actrices d'une Troupe*: anachronisme.

p. 5   *comme nos Modernes l'ont fait*: ici, 'Modernes' désigne Racine,
           Boileau et leurs amis, modernes par rapport aux Grecs (mais qui
           dans la Querelle des Anciens et des Modernes soutenaient les An-
           ciens). Pour des détails sur l'accusation de Pradon, voir l'*Introduc-
           tion*, et la Note sur les Acteurs, pp. XVII, XXI.

p. 5   *une Dissertation*: cette dissertation n'a pas laissé de trace, non plus
           que la parodie de la *Phèdre* de Racine dont il sera question dans
           les *Nouvelles remarques* (voir l'*Introduction*, pp. XXIII–XXIV).

p. 5   *trois mois*: voir la note sur l'Epistre.

p. 5   *deux ans*: période supposée de la composition de la *Phèdre et Hip-
           polyte* de Racine; *Iphigénie* fut jouée pour la première fois le 18
           août 1674.

ACTEURS. Les désignations *roi d'Athènes; fille de Minos et de Pasiphaé; fils
de Thésée et d'Antiope, reine des Amazones; gouverneur d'Hippolyte; confidente
d'Aricie; femme de la suite de Phèdre*; se trouvent aussi dans la liste des personnages
de Racine. Pradon a choisi, comme Racine, de placer l'action de sa tragédie à
Trézène et non à Athènes (voir l'*Introduction*, p. XXXIX).

L'accusation faite par Pradon dans la Préface, p. 5, selon laquelle Racine et ses amis
avaient empêché les meilleures actrices de jouer dans sa pièce, est restée sans preuve.
Selon Mongrédien (art. cit., p. 78), qui suit les Frères Parfaict, Mlle de Brie, puis
Mlle Molière, refusèrent le rôle de Phèdre, et ce fut Mlle Du Pin qui l'accepta enfin.
Lancaster (*op. cit.*, p. 116), omettant Mlle de Brie, qui ne jouait pas les rôles

tragiques, attribue le premier refus à Mlle Molière et le second à Mlle Du Pin; selon lui ce fut Mlle Guyon qui accepta. Etant moins connue, elle craignait peut-être moins la concurrence de la Champmeslé, la Phèdre de l'Hôtel de Bourgogne. C'est cette crainte, selon l'auteur de la *Dissertation* (p. 355) qui inspira les refus qu'essuya Pradon.

La *Phèdre et Hippolyte* de Pradon fut jouée 25 fois au printemps de 1677 (voir l'Introduction, p. XVIII). Depuis elle a été reprise quatre fois, la première fois par Marie Dorval, qui en joua le quatrième acte à son bénéfice à l'Opéra en 1833. Théophile Gautier écrivit le 25 octobre qu'au lieu d'être costumée à la grecque elle avait 'une belle jupe de damas vert-pomme, ramagée d'argent, une coiffure haute... Mme Dorval joua son rôle avec une passion demi-moqueuse d'un charme extrême, et fut très applaudie... elle [sut] sauver, avec une grande intelligence et une diction ferme, ce que le rôle a de monotone et d'insignifiant' (cité par Y [Emile Coupy], *Marie Dorval, 1798-1849*, Paris, 1868, pp. 174-5; je suis redevable pour cette référence à Madame Sylvie Chevalley). En 1873, Paul Foucher parle d'une récitation applaudie, au théâtre de la Gaîté, du morceau sur la mort d'Hippolyte (*Les Coulisses du passé*, Paris, 1873, p. 87). Vers la fin du XIXe siècle il y eut dans un petit théâtre, aux Matinées-Ballande, une représentation, assez quelconque apparemment, qui intéressa néanmoins les lettrés, dont certains, surpris de trouver la pièce moins exécrable que sa réputation, se laissèrent aller à des éloges 'excessifs' (Victor Fournel, 'Les poètes tragiques décriés', *Rev. des Sciences humaines*, vol. I, 1894, pp. 246-7). Masson-Forestier décrit une reprise à l'Odéon en 1910 qui remporta un grand succès et où aux trois premiers actes il y eut des rappels (*Autour d'un Racine ignoré*, Paris, 1910, p. 400).

ACTE I, Sc. 1. La tragédie s'ouvre, comme celle de Racine, sur un entretien d'Hippolyte avec son gouverneur.

v. 1   *Ouy, j'en frémis*: réponse à une question ou à une allusion antérieure à l'action, constituant une entrée en matière *in medias res*.

v. 3   *Hippolyte odieux*: Hippolyte parle de soi à la troisième personne (voir L. Spitzer, 'L'effet de sourdine dans le style classique', in *Etudes de style*, Paris, 1970). Ici, comme dans Euripide, c'est Hippolyte qui par sa faute s'est attiré la colère divine. Le crime en question, dans Euripide sa négligence du culte d'Aphrodite, déesse de l'amour, est ici ignoré d'Hippolyte; le 'crime' d'indifférence dont il parlera plus loin (vv. 121-130), sera présenté surtout comme une transgression, maintenant réparée, du code de la galanterie: Pradon se ménage ainsi un Hippolyte amoureux, à la fois 'coupable' et innocent.

vv. 5–14	Précisions sur les présages du v. 1: des songes d'abord et ensuite une victime sacrificielle refusée par les Dieux: un serpent assez extraordinaire, qui écume de rage et dont la morsure fait jaillir sur Hippolyte le sang de l'animal, vient interrompre la cérémonie (l'Hippolyte de Garnier raconte à son entrée en scène son rêve où avait figuré un incident semblable). Pradon utilise ici et souvent ailleurs un surnaturel qu'aux vv. 53 sqq. et 607 sqq. il affecte de mépriser.
v. 10	*rejalir*: rejaillir
vv. 15–16	*j'en frissonne*: reprise du sens du v. 1; *& vois…la foudre qui gronde*; synesthésie sans doute inadvertente.
v. 18	*moy-méme je frissonne*: cela est contagieux.
v. 20	*Eloignons-nous de Phedre…fuyons*: transition brutale. Comparer la volonté de fuir, leitmotif d'Hippolyte dans Racine, où il ignore pourtant au début la passion de Phèdre.
vv. 21–4	Composition relâchée, avec des reprises inutiles de notions et de termes déjà employés (menaces, haine et châtiment du ciel). Au cours des vv.1–24 il y a 6 mentions des *Dieux* ou du *Ciel*. Au v. 3 Hippolyte lui-même et au v. 27 le nom de Marâtre sont tous deux *odieux*. La pauvreté du vocabulaire de Pradon, pénible d'abord, devient à la longue absurde. Nous nous sommes dispensé de relever systématiquement les nombreuses répétitions dont Pradon se rendra coupable dans le reste de cette tragédie, nous réservant la tâche d'en faire remarquer les plus frappantes et celles dont l'effet peut être présumé voulu.
v. 22	Deux raisons de fuir – le désir de la gloire, Phèdre – résumées par un *tout* excessif.
v. 27	*Le nom d'une Marâtre*: voir *Phèdre*, I, 1 aussi (vv. 38–9): Phèdre ici vous chagrine, et blesse votre vue. Dangereuse marâtre…
vv. 32–3	Pradon se prive d'un effet poignant en montrant Hippolyte au courant dès le début de l'inclination de Phèdre.

v. 43	*Suivre, ou chercher mon Pere*: manque de netteté dans l'expression et dans l'ordre logique, dont on trouve de nombreux exemples au cours de la pièce.
v. 53 sqq.	Comme dans II, 7, vv. 607–616, Pradon fait grand cas de son refus d'un surnaturel qu'il évoque volontiers ailleurs. Racine non plus ne fait pas revenir Thésée d'un voyage en enfer mais, avec une ambiguïté fertile, de 'Lieux profonds, et voisins de l'empire des ombres' (v. 966).
vv. 59–60	Voir *Phèdre*, vv. 623–6 et Sénèque vv. 219–221, 623–626.
vv. 61–3	*Peut-il... bras... Proserpine... Cocyte*: Voir Baudelaire, *Sed non satiata*:

> Je ne suis pas le Styx pour t'embrasser neuf fois
> ...et je ne puis...
> Dans l'enfer de ton lit devenir Proserpine.

Cette légère ressemblance, ajoutée à celle plus marquée avec les vv. 1608–10, semble indiquer que Baudelaire, comme son ami Gautier, connaissait ce texte de Pradon, par lequel il ne dédaignait pas de se laisser inspirer de subtiles associations d'idées.

v. 71	Chez Racine aussi (vv. 302, 928–30) Thésée avant son départ avait confié Phèdre à la protection d'Hippolyte. Voir aussi vv. 91–2.
v. 75	*La mort de mon Ayeul*: dans Gilbert aussi un deuil a fait différer le mariage de Phèdre à Thésée.
v. 93	*Aeglé*: voir aussi v. 978. Eglé, nymphe qui selon Plutarque fut enlevée par Thésée; dans *Le Mariage de Bacchus et d'Ariane* (1672), comédie héroïque de Donneau de Visé, Thésée délaisse Ariane pour retourner à Eglé. Phèdre, à son tour, en tendant son piège à Hippolyte (III, 4), lui parlera d'Aeglé, d'Hélène et d'Aricie (III, 4) comme dignes de son amour.
v. 95	Voir v. 315.

v. 96   *un des Fils de Minos*: Deucalion (voir v. 313).

v. 97   *cette jeune Hélène*: voir *Phèdre*, v. 85, où elle figure comme une des conquêtes de Thésée. Ici, comme au vers 93, Pradon étend son procédé d'édulcoration à une partie de la carrière de Thésée.

I, 2. Subligny trouve trop franche dans cette scène la déclaration d'Aricie à Hippolyte, et trop froide la réponse de celui-ci: 'Monsieur Pradon n'a pas le don de la tendresse comme Monsieur Racine: il fait encore l'amour à la Provinciale' (*Dissertation*, p. 407). Voltaire, dans la Préface de sa *Mariamne* (1725), fait de la déclaration d'Hippolyte à Aricie et dans Pradon une comparaison – très sommaire – où tout l'avantage est donné à Racine.

v. 122 sqq.   Edition de 1744: Je méprisai l'Amour, & j'adorai Diane. Voici le 'crime' d'Hippolyte; voir la note sur le v. 3. Hippolyte parle de profanité et de crime, mais sur un ton galant et dans un style précieux qui escamotent l'aspect religieux et moral de ces termes.

v. 128   Après *depuis* et *autrefois* l'on attend un adverbe; mais les vers hâtivement composés de Pradon en manquent ou en regorgent selon la dure nécessité des douze syllabes.

v. 129   *indolence*: insensibilité, indifférence (Dubois, Lagane, Lerond, *Dictionnaire du français classique*, Paris, 1971).

vv. 164–8   Propos confus et qui abordent le ton de la comédie.

v. 173   Ce vers commence et finit par un adverbe (voir la note sur le v. 128).

v. 185   *si charmante et si fière*: voir *Phèdre*, vv. 638–9, où les mêmes termes sont appliqués par Phèdre à Hippolyte.

vv. 189–90   L'allusion par Phèdre à la ressemblance physique entre Thésée et Hippolyte, dont Sénèque (vv. 645–662) et Racine (vv. 290, 628, 623–44) tirent des effets si touchants, est partagée par Pradon entre Aricie ici et Phèdre aux vv. 259–262, 466–8, 1215–17.

I, 3. Cette scène correspond à celle, dans Euripide, Sénèque et Racine, qui contient l'aveu de Phèdre à la nourrice. Pradon ayant supprimé ce dernier rôle, c'est à sa rivale que Phèdre révèle son amour pour Hippolyte, qui d'ailleurs l'a déjà deviné (I. 1). Pradon n'évoque pas, à l'entrée en scène de sa Phèdre, l'agitation physique et les mouvements contradictoires, signes d'un conflit intérieur, qui tourmentent le personnage d'Euripide, de Sénèque, de Garnier, de La Pinelière et de Racine. Il les remplace par de brusques changements d'humeur et d'intention. Selon Subligny (*Dissertation*, p. 407), 'Phèdre n'a pas assez de retenue dans la déclaration qu'elle fait de son amour à Aricie, et ses projets de guerre, trop violents, restent sans effet.' Francis (*op. cit.*, p. 151) compare la situation et le caractère de Phèdre dans cette scène à ceux de la Roxane de Racine voulant utiliser son pouvoir politique et militaire en l'absence d'Amurat pour couronner Bajazet, s'il consent à l'épouser; le rôle d'Aricie, rivale et confidente de la reine, et, comme Thésée le révèlera plus loin, destinée par son père à épouser le héros, correspond dans plusieurs de ses aspects à celui d'Atalide.

v. 211   *Arreste, Phèdre, arreste, & cours*: encore l'effet de sourdine (voir v. 3); 'arreste ou cours' serait préférable.

v. 215   En 1744: Secret, fardeau pesant. Voir *Phèdre*, v. 864: Le crime d'une mère est un pesant fardeau.

v. 251   *Trezene est le fatal séjour*: voir *Phèdre*, v. 272: Athènes me montra mon superbe ennemi.

v. 261   *Cette fierté charmante*: voir v. 185 et note.

v. 268   *Je conjurois Vénus*: la prière à Vénus vient plus tard dans Racine – III, 2, 822–3.

v. 269   *la Déesse enfin me punit de ce crime*: quelle déesse? Diane, paraît-il, offensée par la prière faite chez elle et contre elle à Vénus, et non cette dernière, comme le voudraient l'ordre des mots et la légende selon Euripide et Sénèque suivie par Racine.

v. 272   *Mon cœur n'y reconnut qu'Hippolyte pour Dieu*: voir *Phèdre*, v. 286–8.

v. 281   *Les Dieux n'allument point de feux illégitimes*: pour sauver les bienséances Pradon dénature la légende ancienne, suivie par Racine, selon laquelle la passion de Phèdre pour le fils de son mari fut in-spirée par Aphrodite/Vénus. Ne fussent les nombreuses allusions dans cette tragédie à l'intervention des dieux dans les 'crimes' et méfaits des personnages, l'on croirait ici à une revendication de l'autonomie du libre-arbitre, opposée par Pradon à la question troublante de la justice divine qui pèse sur la *Phèdre* de Racine. Pradon essaie en vain dans sa tragédie de concilier la disparition de la faute véritablement tragique et le maintien du sens de la culpabilité.

v. 284   En 1744: Cette flamme fatale et ce mortel venin.

vv. 291–5   *fierté... farouche... fière... farouche*: voir v. 185 et *Phèdre* v. 638.

v. 298   En 1744: De la Race du Dieu, pere de la Lumière: cette version supprime l'apposition de *je* et *Fille*, sans doute jugée incorrecte. On trouve dans Gilbert (p. 43): Voyez-vous Phaedre encor, fille de la lumière...

v. 319   En 1744: A mon fatal penchant je vais m'abandonner: sans doute l'éditeur voyait-il une contradiction entre le destin et les lois de l'amour, mais le v. 339 subsiste inchangé.

I, 4.   Cette scène introduit le thème du soupir d'amour mal interprété.

v.348   Maladresse caractéristique, par laquelle Pradon diminue à l'avance un de ses plus beaux effets (v. 1040) en attribuant déjà à Aricie la pitié souhaitée plus tard par Phèdre.

v. 364   *en soupirant*: autre exemple du brouillage maladroit des effets. Les soupirs qui aux vv. 355–6 dénotaient l'amour se compliquent ici d'une forte nuance de regret pour le départ imminent d'un amant; aux premiers vers de la scène suivante, Aricie poussera des soupirs de surprise et de perplexité et, au v. 394, de crainte; aux vv. 368 et 376 le soupir reprendra sa signification précieuse plus habituelle. Inutile de comparer cette pauvreté et cette confu-sion avec l'admirable disposition des mots-clefs dans la *Phèdre* de Racine.

vv. 372–9   La situation psychologique d'Aricie se reprochant (c'est son 'crime' à elle) d'avoir mal aimé Hippolyte rappelle celle de l'Atalide de Racine (*Bajazet*, V, 12).

vv. 389–92   Cadence pathétique assez belle, gâchée par la maladresse des structures: quand... que... que... lorsque... que.

v. 400   L'omission de 'ne' dans la phrase interrogative passait au XVIIe siècle pour une élégance (Brunot et Bruneau, *Grammaire historique de la langue française*, 3e éd., Paris, 1949, p. 517).

v. 409   *indolence*: voir v. 129 et note.

II, 2. Encore une 'grande scène' où l'expression plate et les vacillations des personnages brouillent la situation et achèvent de lui enlever tout son potentiel pathétique, sacrifié à l'équivoque et à l'ironie facile.

v. 452   *un vil sang répandu*: voir *Phèdre*, vv. 933–4.

v. 453   *Mon nom... écrit sur l'écorce des Arbres*: détail concret plus romanesque que tragique.

v. 459   *dignes d'un Héros*: phrase-clef dans *Phèdre* (vv. 700 et 1527), où Hippolyte périt pour avoir voulu imiter son père, héros amoureux et tueur de monstres.

vv. 466–8   Voir vv. 189–90 et note.

v. 488   En 1744: Je n'aime que la Gloire, & déteste l'Amour.

Il regarde Aricie.

v. 492   En 1744: Vous voyez que mon cœur n'est pas indifférent,

A Phèdre.

vv. 506 et 512   Voir v. 400 et note.

v. 523   La sortie d'Hippolyte n'est pas motivée.

II, 3. Avec de nombreuses répétitions du mot 'gloire', Pradon continue à insister sur l'équivoque de la scène précédente.

v. 551   Voir *Phèdre*, v. 1203: Hippolyte est sensible, et ne sent rien pour moi!

v. 554   *l'on peut tout par la persévérance*: sentence d'un prosaïsme peu tragique, et dont on voit mal l'application dans cette tragédie de revirements et de caractères instables.

II, 7. Selon Subligny le récit de Thésée ressemble à 'une relation des aventures de quelque Chevalier errant'; cela est 'contraire à la haute idée que nous avons d'un grand Roi' (*Dissertation*, p. 408).

v. 607 sqq.   Voir v. 53 sqq. et note.

v. 621   *Le superbe Pallas*: voir, dans un tout autre contexte, Racine, *Britannicus*, v. 494: Vous venez de bannir le superbe Pallas.

v. 630   En 1744: Je donnai.

v. 632   En 1744: Et je n'oubliai tout...

vv. 633–4   Autre sentence, à forme assez relâchée.

v. 650   En 1744: ...et volai vers Athenes.

v. 669   *Alcide*: Hercule; voir *Phèdre*, v. 78.

III, 1. Les soupçons et les menaces de Phèdre dans cette scène rappellent ceux de Roxane (*Bajazet*, III, 6 et IV,2); voir aussi I, 3 et vv. 372–9 et notes.

vv. 695–7   Série de pointes.

v. 706   *vostre Epoux*: Thésée est ou n'est pas 'l'époux' de Phèdre selon que Pradon souligne la difficulté de la situation ou la pureté de son sujet.

v. 713   *J'ay rougy, j'ay pâly*: voir *Phèdre*, v. 273: Je le vis, je rougis, je pâlis à sa vue.

vv. 729–30   Une allusion à Antiope tuée par Thésée jaloux se trouve dans Sénèque (v. 227).

v. 759   *Thesée a vos serments, Thesée a vostre foy*: Pradon avait-il connaissance du vers 1204 de *Phèdre* (Aricie a son cœur! Aricie a sa foi!) comme il semble l'avoir eue du vers précédent (voir v. 551 et note)? Découpée et transposée par Pradon, l'exclamation désolée de la Phèdre de Racine approchant de la catastrophe perd sa force tragique.

v. 765   *Moy, Madame?*: voir v. 991 et 1007.

v. 775   *Je vous aime, Aricie*: complication inutile.

vv. 786–7   La Phèdre de Racine se laisse aller, elle aussi, à des menaces contre sa rivale (IV, 6), mais cette rivale est absente et la honte, avec l'horreur du péché, vient promptement couper court au dessein meurtrier inspiré par la jalousie.

v. 790   Dans l'édition originale: de nouveaux sacrifices, erreur rectifiée dans une note ajoutée à la Préface.

v. 807 sqq.   Phèdre transforme en s'addressant à Thésée l'explication qu'elle a donnée à Aricie (I, 3) de l'expédition armée de son frère.

v. 812   *Ænarus*: Œnarus, roi de Naxos, était amoureux de l'héroïne de l'*Ariane* de Thomas Corneille (1672).

v. 815   *Phedre fust cause helas! de cette trahison*: voir *Phèdre*, vv. 89, 253, 644. Thomas Corneille (voir la note précédente) et Bidar avaient accentué la culpabilité ressentie par Phèdre envers sa sœur Ariane.

v. 820	*Différez nostre Hymen*: voir Bidar, I, 2: Differons nostre hymen…

v. 827 sqq. Les correspondances entre ce morceau de Pradon et les vv. 79–82 de Racine, basés sur Ovide, *Métamorphoses*, VII, vv. 433-450, sont trop étroites pour être accidentelles.

v. 834 *Alcide*: voir v. 669 et note.

v. 860 *en passant*: lors de mon passage.

v. 940 *pour un autre que moi*: sens neutre – quelqu'un d'autre (voir Racine, *Andromaque*, v. 1378).

vv. 979–80 *Helene… Aricie*: liste incomplète; Hippolyte omet de donner son opinion sur Aeglé. Voir aussi v. 93 et note.

v. 983 *Vous avez de bons yeux*: style bas.

v. 989 sqq. *Quoy, Madame?… Vous, Madame?… Moy, Madame?*: série d'étonnements assez comiques, dont le dernier est feint, car Hippolyte sait déjà que Phèdre l'aime. Voir vv. 32–3 et note.

v. 1000 *Je connois ton secret, Ingrat, aprens le mien*: secret de Polichinelle – il n'y a plus que Thésée qui l'ignore. La Phèdre de Racine aussi tutoie Hippolyte au moment de l'aveu.

v. 1019 *J'en ay gémy longtemps, j'ay longtemps combatu*: voir *Phèdre* v. 673 sqq.

v. 1021 *Non, ce n'est point à moy que ce discours s'adresse*: l'Hippolyte de Racine aussi veut comprendre que Phèdre parlant d'amour pense à Thésée. Voir aussi Racine, *Andromaque*, v. 530: Mais, de grâce, est-ce à moi que ce discours s'adresse?

v. 1029 *fier et farouche*: voir v. 1105 et *Phèdre*, v. 638: Mais fidèle, mais fier, et même un peu farouche.

v. 1032   Beau vers.

v. 1044   *Tu vois mon desespoir*: voir Racine, *Andromaque*, v. 43: Tu vis
               mon désespoir.

vv. 1045–6   Voir encore *Andromaque*, vv. 1045–6.

v. 1054   Il faut sans doute comprendre que Phèdre sort pour laisser à Hip-
               polyte le temps de peser les menaces qu'elle vient d'énoncer.

IV, 1. Le récit fait ici par Thésée, des réactions de Phèdre et d'Hippolyte sortant
de leur entretien de III, 4, et de l'intervention de la reine en faveur du 'coupable',
estompe à l'avance les effets que Pradon recherchera dans IV, 2, la scène de la
'calomnie', qui fera en quelque sorte double emploi.

v. 1099   Ce vers manque dans l'édition de 1679.

v. 1105   *fier et farouche*: voir v. 1029 et note.

IV, 2. Scène de la calomnie oblique ou par omission: Phèdre laisse croire à
Thésée que l'*aveu* qui l'*outrage* est celui de la passion d'Hippolyte pour elle-même.

vv. 1168–75   Voir *Phèdre*, vv. 1035–40, 1045–6.

v. 1205   *Le conseil en est pris*: voir *Phèdre*, v. 1: Le dessein en est pris –
               mais cette rencontre pourrait être due au hasard.

vv. 1223–6   Période incohérente.

v. 1277   *Je la cherche par tout, & ne la trouve pas*: Voir *Phèdre*, v. 548:
               Maintenant je me cherche, et ne me trouve plus.

v. 1284   *qu'a-t-on fait d'Aricie?*: voir *Phèdre*, v. 1488: Qu'as-tu fait de mon
               fils?

vv. 1310–12   Voir Racine, *Andromaque*, vv. 1269–79 et *Bajazet*, vv. 1543–4 et
               1736.

IV, 5. Subligny (*Dissertation*, p. 412), proteste que l'incident d'Hippolyte surpris par son père aux genoux de Phèdre est 'indigne même des moindres comédies', ayant été relégué depuis longtemps 'dans les farces les plus triviales'. Chez Gilbert (V. 2) et chez Racine (IV, 2) Phèdre demande à Thésée la grâce d'Hippolyte.

v. 1369   *Epargnez vostre sang*: voir *Phèdre*, vv. 1170-1: épargnez votre race, Respectez votre sang.

v. 1371   *stupide*: hébété, abattu par un coup soudain du sort (Dubois, Lagane, Lerond, *Dictionnaire du français classique*, Paris, 1971). Voir Corneille, *Cinna*, v. 1542.

vv. 1373-6   Comme dans Euripide (vv. 1030–1), dans Gilbert (III, 1) et dans Racine (vv. 1087–90), Hippolyte se tait par respect filial. Pour Subligny, le silence d'Hippolyte et son inertie en face du danger sont inacceptables (Dissertation, p. 412).

v. 1419   *Et toy? Neptune, & toy?*: voir *Phèdre*, v. 1065: Et toi, Neptune, et toi...

v. 1422   Beau vers. Pradon semble toucher en passant le thème racinien de la monstruosité du péché.

v. 1441   *Je veux...*: Phèdre s'interrompt brusquement avant d'énoncer son intention, plongeant ainsi Aricie dans de nouvelles craintes et maintenant jusqu'au bout l'incertitude du spectateur.

v. 1451   *dans son Cabinet*: détail concret peu tragique.

v. 1456   *une secrete joye*: voir Racine, *Andromaque*, v. 83.

vv. 1499–1530   Les faits racontés ici par Thésée sont déjà connus de l'auditoire.

vv. 1581–4   Chez Racine, Thésée parle des 'odieuses lumières' auxquelles il voudrait se dérober (vv. 1599–1604).

v. 1588   Ce vers manque dans l'édition de 1679.

v. 1596   *cette funeste grace:* voir *Phèdre,* vv. 1613 et 1615: leurs faveurs
             meurtrières... leur funeste bonté.

vv. 1605-10 *Je veux... Perdre le nom d'Amant, prendre celui de Pere... amour:*
             on trouve dans l'*Invitation au Voyage* de Baudelaire:

             Mon enfant, ma sœur...
             ... les charmes
             Si mystérieux
             De tes traîtres yeux;

             et dans *La Chevelure:*

             N'es-tu pas... la gourde
             Où je hume à longs traits le vin du souvenir?

             Voir aussi vv. 61–3 et note. Baudelaire a pu se souvenir des *traîtres
             yeux* du *Misanthrope* (v. 1354) ou de *Dom Garcie de Navarre*
             (v. 1399), de Molière, mais il affectionnait les petits auteurs du
             dix-septième siècle, et le faisceau de rencontres que nous avons
             relevé semblerait indiquer qu'il connaissait la *Phèdre et Hippolyte*
             de Pradon.

V, 4. Pradon introduit un revirement dans l'avant-dernière scène de sa tragédie:
les soupçons de Thésée et d'Aricie se reportent sur Hippolyte, qu'ils étaient prêts à
croire innocent.

V, 5. Le récit de la mort d'Hippolyte, morceau de bravoure traditionnel, est
imposé par le sujet. La violence baroque du détail rappelle souvent ici les versions
de Sénèque et de Garnier. Pour l'auteur de la *Dissertation,* ce récit des deux morts
(la présence de Phèdre à celle d'Hippolyte est une invention de Pradon) est insupportable, 'rempli de mots impropres, de constructions barbares, & d'expressions
rampantes' (p. 412); pour une analyse compréhensive favorable à Pradon, voir
Stackelberg, art. cit.

v. 1674   *Et le flot irrité le suit en mugissant:* voir Gilbert (acte V): Elle
             [l'eau] bout, elle écume, et suit en mugissant Le monstre...; mou-
             vement opposé à celui du vers célèbre de Racine: Le flot, qui
             l'apporta, recule épouvanté (1524).

v. 1685	*Ils... prennent le frein aux dents*: 'expression rampante'.

vv. 1705–8   Voir Phèdre, v. 1560, mais la ressemblance avec Bidar (V, 3) est plus étroite. Là aussi la dernière parole d'Hippolyte est pour sa bien-aimée; on y trouve la même rime *paupière-lumiere*.

v. 1719   *Par un coup de poignard*: dans Euripide, Phèdre se pend; dans Sénèque, ayant envisagé la pendaison, l'épée et le saut d'un rocher, elle choisit de se tuer d'un coup d'épée; dans Racine, comme dans Bidar, c'est par le poison qu'elle périt.

v. 1722   *rejalit*: voir v. 10 et note.

EXTRAIT DU PRIVILÈGE. *Achevé d'imprimer... le 13. jour de Mars 1677*: donc deux jours avant la *Phèdre et Hippolyte* de Racine, imprimée le 15 mars.

TABLE DES MATIERES

Frontispice (de l'édition de 1679; reprod. avec
l'aimable permission de la British Library) . . . II

Introduction V

Bibliographie XLIV

Le Texte L

PHEDRE ET HIPPOLYTE

Notes 73